He visto la u[illegible]
Jacobs Tuttle [illegible]
Sé de primer [illegible]
ella está famil[illegible]
con entusiasmo, es utilizar la unción para proclamar a Jesucristo como el Rey resucitado de gloria, y como consecuencia, ver vidas transformadas.

—PASTOR ROD PARSLEY
WORLD HARVEST CHURCH/BREAKTHROUGH

Judy Jacobs camina con Dios. Aunque es conocida ampliamente como una de las principales líderes mundiales de alabanza y adoración, ella es también una talentosa comunicadora de las verdades bíblicas. En esta obra, ella transmite los principios que les han funcionado a ella, a sus hijas, a su esposo, Jamie, y a miles de personas que han sido discipuladas en las Escrituras. A medida que avance a través de las páginas de este libro, usted caminará con una de las verdaderas campeonas de esta generación.

—HARRY R. JACKSON JR.
PASTOR PRINCIPAL DE HOPE CHRISTIAN CHURCH, BELTSVILLE, MD
PRESIDENTE DE HIGH IMPACT LEADERSHIP COALITION
OBISPO PRESIDENTE DE LA INTERNATIONAL COMMUNION OF EVANGELICAL CHURCHES

Judy Jacobs es una enviada. Ella ha sido llamada en esta hora para despertar los dones y la unción que con frecuencia yacen dormidos en nuestro interior. La Palabra de Dios a través de su vida y su pluma, conllevan un duro golpe al espíritu de temor y acalla toda excusa que evita que vivamos al tope de nuestro potencial.

—KAREN WHEATON
FUNDADORA Y LÍDER PRINCIPAL DE THE RAMP

¡USTED TIENE LA UNCIÓN!

JUDY JACOBS

CASA CREACIÓN

La mayoría de los productos de Casa Creación están disponibles a un precio con descuento en cantidades de mayoreo para promociones de ventas, ofertas especiales, levantar fondos y atender necesidades educativas. Para más información, escriba a Casa Creación, 600 Rinehart Road, Lake Mary, Florida, 32746; o llame al teléfono (407) 333-7117 en Estados Unidos.

Usted tiene la unción por Judy Jacobs
Publicado por Casa Creación
Una compañía de Charisma Media
600 Rinehart Road
Lake Mary, Florida 32746
www.casacreacion.com

Publicado originalmente en EE. UU. bajo el título: *You Are Anointed for This!*

Published by Charisma House, A Charisma Media Company,
Lake Mary, FL 32746

Traducido por: www.pica6.com (con la colaboración de Danaé G. Sánchez Rivera y Salvador Eguiarte D.G.)
Director de diseño: Bill Johnson

Visite la página web de la autora: www.judyjacobs.com

Library of Congress Control Number: 2013942084
ISBN: 978-1-62136-443-6
E-book ISBN: 978-1-62136-444-3

Nota de la editorial:
Aunque la autora hizo todo lo posible por proveer teléfonos y páginas de internet correctas al momento de la publicación de este libro, ni la editorial ni la autora se responsabilizan por errores o cambios que puedan surgir luego de haberse publicado.

Impreso en los Estados Unidos de América
13 14 15 16 17 * 7 6 5 4 3 2 1

DEDICATORIA

PRIMERO QUE NADA, dedico este libro a mi amoroso esposo con quien he estado durante veinte años, el pastor Jamie Tuttle. Cariño, durante más de veinte años tú has sido cada latido de lo que somos, simplemente porque has creído en la unción que estaba en mi interior. En los últimos veinte años has sido tú quien me ha recordado constantemente: "Tú tienes la unción. Judy, puedes hacerlo". Muchas veces he dudado, pero tú siempre estuviste ahí conmigo, en el estudio, tras bambalinas, detrás del sistema de sonido y, sí, en el público, animándome. Sería suficiente con que *yo* lo hubiera notado, pero *todo el mundo* ha visto quién es mi *mayor animador*: *tú, querido*. Siempre te amaré y estaré agradecida con Dios por traerte a mi vida. Creo que tú sabes quiénes son *tus* mayores animadoras. Sí, tus dos hijas y yo (¿mencioné también a tu mamá?).

Me gustaría agradecerles a las familias Jacobs y Tuttle, quienes siempre han sido una fuente de apoyo y aliento. A Danny y Debbie Murray, que siempre me han llevado hasta el límite para sacarme de mi zona de comodidad. A Steve y Pat Brock, por hacer la llamada, y al pastor Benny Hinn y al pastor Rod Parsley por darme una plataforma. Gracias, Paul y Jan Crouch, por presentarme al mundo. Gracias Steve y Joy Strang, y Charisma Media, por darme la asombrosa oportunidad de compartir mis revelaciones e historias. Les agradezco también a todas las personas que creyeron que la unción está en mi vida y continúan creyendo en los dones que hay en mí. A mis amadas hijas, Kaylee y Erica, quienes le permitieron a mamá caminar en esta unción, y también a quienes se quedaron con ellas y las cuidaron. ¡Les estoy eternamente agradecida!

A mi Señor y Salvador, Jesucristo, y al bendito Espíritu Santo, quien me ha dado el ministerio y los dones para caminar en esta unción, confianza y audacia. "Porque en él vivimos, y nos movemos, y somos" (Hechos 17:28).

Finalmente deseo decirle a nuestra amada familia de la iglesia, Dwelling Place Church International, que en esta hora final, ustedes tienen la unción. A nuestros mentores y alumnos del International Institute of Mentoring, ustedes tienen la unción.

A todo creyente que leerá esta revelación y que alguna vez se haya sentido inseguro y con incertidumbre, y que se haya preguntado si real y verdaderamente está ungido y si ha sido llamado, permítame asegurarle: ¡usted tiene la unción!

RECONOCIMIENTOS

NADIE PUEDE HACER nada valioso ni exitoso, a menos que tenga amigos fieles que estén a su lado para ayudarlo. Tal es el caso de todas las personas que han contribuido con este proyecto.

A mis compañeros de pacto, Perry y Pam Stone, quienes han sido una gran bendición en nuestra vida, deseo agradecerles de corazón. Su sorprendente apoyo ha sido verdaderamente asombroso y radical en un mundo que se ha tornado tan ensimismado. Jamie y yo apreciamos este pacto y siempre lo haremos, hasta que Jesús regrese.

Al pastor Rod Parsley y su esposa Joni, un buen ejemplo de "usted tiene la unción": yo tenía nueve meses de embarazo en el Dominion Camp Meeting y ellos nos dieron nuestra primera plataforma en televisión internacional; ciertamente creen en la unción en mi vida. ¡Ustedes continúan siendo mis favoritos!

A Steve y Joy Strang, la familia Charisma House, mi "ungida" editora, Jevon Bolden, y los editores de Charisma House, les agradezco, hicieron un muy buen trabajo en el manuscrito final.

A todos los amigos, artistas, pastores y líderes que compartieron con nosotros su interpretación y revelación de la unción, mis sinceros agradecimientos por su tiempo y esfuerzo, y por contarnos el testimonio del precioso Espíritu Santo en su vida, en sus propias palabras.

A mi amiga de pacto que me ayudó a quemar el aceite de media noche y el aceite de mediodía, la Sra. Kathie Kennemer, y mis amigos de toda la vida, mi esposo, los Milligan y los Potter, con quienes en un fin de semana recibí suficiente revelación para escribir dieciocho libros. ¡Uf! ¡Esos predicadores! ¡Los amo! A Amanda Fisher, quien me ayudó a lograr la edición final: nunca lo habría logrado sin tu ayuda.

CONTENIDO

PRÓLOGO

¡LA UNCIÓN! TAN solo la palabra esboza numerosas imágenes en la mente de los creyentes. ¿La unción es una emoción que se libera en el entusiasmo de una poderosa experiencia de adoración? ¿Es la energía que se siente cuando un ministro predica con una unción divina? ¿La unción es una carga espiritual en la atmósfera que los asistentes pueden sentir cuando se hace oración?

Nuestra percepción de lo que es o no la unción, a menudo surge de nuestra formación en la iglesia local, la enseñanza del púlpito o lo que vemos a través de la lente denominacional. No obstante, en ambos Testamentos, la unción era la misma energía y vida de Dios manifestada a través de las voces de los profetas, los sacerdotes y los reyes justos. David fue ungido en tres ocasiones: por Samuel cuando era adolescente, por los hombres de Judá y como rey de Israel, a los treinta años. David habló de ser "ungido con aceite fresco" (Salmos 92:10). Por consiguiente, con cada nuevo nivel se requiere una unción fresca.

Se necesita de un siervo ungido del Señor para escribir acerca de la unción. Un teólogo y un erudito pueden desglosar las palabras griegas y hebreas, pero solamente una persona ungida puede expresar lo que es la unción, cómo opera y por qué se requiere para pudrir todo yugo en nuestra vida (Isaías 10:27). Tal persona es Judy Jacobs, conocida en todo el mundo como una ungida sierva del Señor.

Conozco a Judy desde sus inicios cuando cantaba con un ministerio itinerante del Lee College (ahora Lee University), y he seguido su ministerio durante los años y visto el favor de Dios mientras Él derramaba su bendición y aumentaba su unción en su vida y la de su esposo, Jamie. En el tema de la unción, ella claramente sabe de qué habla y, ¡a través de este libro, usted también descubrirá los secretos de ser ungido para sus tareas del fin de los tiempos! ¡A través de la unción, su "esto" se convertirá en "lo", y "lo" es lo que hará la diferencia de su "esto"! Como Pedro declaró: "Esto es lo" (Hechos 2:16).

—PERRY STONE
EVANGELISTA INTERNACIONAL Y ANFITRIÓN DE
MANNA-FEST

PREFACIO

Sucedió durante el tiempo de primavera de mi último año en Emmanuel College. Me encontraba terminando mi licenciatura en estudios bíblicos y preparándome para graduarme. Mientras estudiaba, estaba en un programa de trabajo para estudiantes y mi trabajo era ser el encargado de sonido de la cabina, junto con otras responsabilidades de multimedia.

Lo recuerdo como si hubiera sido ayer: era jueves por la mañana, 10:00 a. m., y los estudiantes estaban reunidos para el que sería un "emocionante" servicio universitario de capilla. El invitado de ese día era un grupo de reclutamiento del Lee College (ahora Lee University) de Cleveland, Tennessee, y ellos estaban ahí para cantar y ministrar, así como para presentarle el Lee College a todos los que habían terminado su preparación básica. Obviamente, como yo era un estudiante del último año de la escuela bíblica, este servicio parecía no ser adecuado para mí. Yo solamente estaba ahí para cumplir con mi responsabilidad laboral, o eso pensaba.

Aquella mañana sería el día que cambiaría mi vida para siempre. Mire, en todos mis días de universidad, yo siempre llevaba una lista de oración en mi Biblia. Cada día repasaba mi lista, presentándole a Dios mis necesidades y deseos. Incluía las peticiones básicas que casi todos los jóvenes que están en una universidad cristiana incluyen: "Señor, ayúdame a aprobar mi examen de griego", y: "Señor, por favor, necesito dinero". Sin embargo, ahí había una petición mucho más descriptiva que las demás: "Señor, esto es lo que deseo en una esposa…".

La primera parte no era muy espiritual, era la típica oración:

"Señor, de verdad me encantaría que tuviera piel morena, ojos marrón y cabello negro o castaño". Luego me hacía más espiritual y oraba: "Que pueda cantar y orar como mi mamá. Señor, quiero que te ame más a ti que a mí, que desee tu presencia y tu poder más que nada. Dame una esposa cuyo corazón ame a las naciones". En realidad no puedo recordar si ya había orado eso aquel jueves; pero sin yo saberlo, la respuesta a mis oraciones subió al escenario en el servicio.

Seis años después, tras perseguir mi pasión por la música, obtener una maestría teológica en matrimonio y familia, y servir durante un año en Florida como pastor de jóvenes, me casé con Judy Jacobs, la chica de mis sueños y oraciones. Nos embarcamos en un viaje ministerial que simplemente no esperábamos. Y ahora, veinte años más tarde, hemos aprendido que absolutamente nada es más importante que la unción del Dios todopoderoso sobre nuestra vida y familia. De hecho, al principio aprendimos que si no hay unción, todo se trata solamente de acciones ruidosas y sin poder. Porque la unción es el poder, el combustible, la fuerza, el suministro, la provisión e incluso el fuego y el denuedo que surge en nosotros en diferentes momentos de la vida. Hemos viajado a más de treinta países y visto a la gente recibir a Cristo, nos hemos sentado ante primeros ministros, presidentes y dignatarios, todo por la unción de Dios en nuestra vida.

Como el esposo de Judy, su amigo, compañero de ministerio, mánager, técnico de sonido, baterista algunas veces e incluso conductor del autobús (así es), la he visto pararse frente a unas cuantas personas o frente a setecientas cincuenta mil y declarar: "NO HAY DIOS COMO JEHOVÁ", sabiendo que su preparación para cualquiera de esos lugares fue la misma: "Padre, simplemente no puedo hacerlo sola, sino: a través de ti y de tu unción en mi vida, puedo hacerlo todo. Tu unción en mi vida es todo lo que importa y tú me has equipado para llevar a cabo lo que estoy a punto de hacer". Mire, una cosa que he aprendido de

Judy mientras ministro a su lado es que ella siempre ministra ante una audiencia de UNO: "¿Será Él complacido? ¿Será Él glorificado con mi vida?".

Judy siempre ha conocido el precio de la unción en su vida; es un sacrificio. Para ser realmente lo que Dios nos ha llamado a ser, se necesita ser apartados: adonde uno se niega a sí mismo, hace a un lado las influencias, las persuasiones y las personalidades que nos rodean, y luego nos entregamos a Él.

El libro que usted tiene en sus manos no solamente es un manual para un aprendizaje simple, sino más bien es una obra que cambia vidas, llena de revelación de las Escrituras, escrita por alguien que ha vivido los altibajos de las experiencias en la unción. Usted y yo sabemos que no todos los días son los mejores, pero una cosa es segura: cuando Dios lo llama con un propósito y un plan, ¡usted puede descansar seguro en que *usted tiene la unción!*

—JAMIE TUTTLE

Introducción

LA UNCIÓN DE DIOS ES PARA USTED

Y en los postreros días, dice Dios, derramaré de mi Espíritu sobre toda carne, y vuestros hijos y vuestras hijas profetizarán; vuestros jóvenes verán visiones, y vuestros ancianos soñarán sueños; y de cierto sobre mis siervos y sobre mis siervas en aquellos días derramaré de mi Espíritu, y profetizarán.

—Hechos 2:17-18

Si algo he aprendido hasta ahora en esta Tierra, es que Dios está constantemente intentando encaminarnos a través del "esto", para que pueda llevarnos al "lo". Esto me recuerda la experiencia del Aposento Alto citada anteriormente, donde Pedro les dijo a los espectadores: "Mas *esto* es *lo* dicho por el profeta Joel" (Hechos 2:16, énfasis añadido).

Esto es lo que sé: hay un lugar en el plano espiritual adonde cada creyente desea ir, y cuando llegamos a *ese* lugar, no deseamos marcharnos. Deseamos morar ahí. "¿Cuál es *ese* lugar?", se preguntará. Ese lugar está *en la unción.*

Los hombres y mujeres de Dios han operado en la unción en las eras del tiempo. Mientras eran comidos por leones, ellos cantaban; mientras les eran vendados los ojos y esperaban que las balas atravesaran todo su cuerpo, ellos oraban en paz; y mientras Esteban era apedreado, él miraba hacia el cielo y le pedía a Dios: "Señor, no les tomes en cuenta este pecado"

(Hechos 7:60). Eso santos de Dios pagaron el precio supremo por su compromiso con la causa de la unción. Nosotros como la Iglesia, anhelamos que esta se infiltre cada vez más en nuestra vida.

Entonces, ¿qué es la unción? ¿Cómo luce? ¿Por qué algunas personas parecen estar ungidas y otras no? ¿Cómo podemos obtener la unción? ¿Qué hará en nuestra vida? ¿Es solamente para aquellos que están en el ministerio a tiempo completo—apóstoles, profetas, evangelistas, pastores y maestros—, quienes aparentemente son muy, muy espirituales?

Estas son las preguntas que el pueblo de Dios se ha planteado con frecuencia, motivado apasionadamente por encontrar las respuestas correctas para sí. Han luchado con estas preguntas y han anhelado experimentar la unción; sin embargo, muchos todavía se sienten excluidos en la oscuridad en este tema. Las preguntas retumban en su mente una y otra vez: *¿Cómo puedo ser ungido? Yo sé que otros lo están, pero, ¿qué hay de mí?*

Todas estas preguntas y muchas más serán respondidas en este libro. Creo que al leerlo, el Espíritu Santo hará que las cosas acerca de la unción que hay en su vida le sean claras como el agua. Sí, leyó correctamente. *La unción que hay en su vida.* Mi amigo, ¡Dios le ha ungido! Usted solamente tiene que creer y recibir su impartición a través de esta palabra para *ahora* que Dios me ha dado para usted.

Mire, los días en que estamos viviendo no tienen precedentes en absoluto; no obstante, no nos sorprenden. Estos son días y tiempos que los profetas, los escritores inspirados de las Sagradas Escrituras, e incluso Jesús mismo, advirtieron que vendrían. Cosas como:

- Guerras y rumores de guerras.
- El apogeo de la anarquía.
- La apostasía.
- Desastres económicos y ambientales.

- Dramáticos cambios políticos, sociales, culturales, médicos y morales.

Estos son, como afirma 2 Timoteo 3:1, "tiempos peligrosos". Sin embargo, incluso en estos tiempos, Dios continúa estando activo en su Iglesia. Él continúa moviéndose poderosamente en la gente cuyo corazón está enfocado en Él. Al buscar el escape final de todo este desastre, nosotros—el pueblo de Dios y la novia de Cristo—estamos manteniendo nuestro enfoque en Jesús, el autor y consumador de nuestra fe. Nos encontramos en una batalla por todo lo que sabemos que está bien y, como comunidad de creyentes, como nación, como familias y finalmente como pueblo que conoce a su Dios, estamos confiados en que nuestra victoria está asegurada. No obstante, creo que antes del regreso del Señor, las cosas movibles están siendo removidas "para que queden las inconmovibles" (Hebreos 12:27).

Creo que este es el tiempo en que Dios está levantando a muchos hombres y mujeres ungidos de Dios para cambiar las sociedades y las culturas como las conocemos. "¿Cómo las cambiamos?", se preguntará. Las cambiamos a través del nombre de Jesús y a través de la Palabra viva de Dios. Nos apropiamos la sangre de Cristo y utilizamos el poder de estar de acuerdo, creyendo que Dios escucha y responde toda oración que elevamos a Él en fe.

Sobre todo, utilizamos *la unción* que Dios le ha dado a todo creyente a través del poder de su Santo Espíritu para levantarse en medio de una generación perversa y malvada, y declarar su Palabra.

En el libro *Personal Faith, Public Policy* [Fe personal, política pública] que escribió el obispo Harry R. Jackson junto con Tony Perkins, dice que nosotros como Iglesia debemos aprobar "la prueba suprema de fe; no lo que digan los republicanos o los conservadores, o lo que piensen los demócratas o los liberales, sino lo que dice la Palabra de Dios".[1]

Todos tienen la capacidad de ser ungidos. Dios no hace

acepción de personas. La unción es para todos los creyentes: todo hombre, mujer, niño y niña. Es para los jóvenes. Es para los ancianos. Es para los ricos y es para los pobres. Es para aquel que está cerca y para el que está lejos. La unción es para usted, sus hijos, los hijos de sus hijos y "para cuantos el Señor nuestro Dios llamare" (Hechos 2:39).

Ahora, primero debe darse cuenta de una cosa. El enemigo vendrá a decirle: "No eres lo suficientemente bueno para tener la unción en tu vida". Él le dirá que porque está divorciado o porque no viene de una familia en el ministerio, o que, por no ser una persona perfecta, no puede experimentar la unción. Él le dirá constantemente: "¿Te acuerdas cuando…?". Amigo, nunca olvide esta realidad: ¡el diablo es un mentiroso!

Lo único que debemos recordar es que la unción que viene sobre nosotros no es *nuestra unción*. Es la *unción de Dios,* la unción del Espíritu Santo. Dios es quien nos da su unción. Es un regalo que viene directamente de Él y, una vez dada, debe compartirse con los demás. La unción no le pertenece a su mamá, su papá, su abuela o su tía. La unción le pertenece a Dios.

Su unción destruye el yugo del cáncer. Aniquila el virus del SIDA. La unción de Dios suelta sanidades, liberaciones, milagros, señales y prodigios. Pero esta misma unción también nos ayuda a vivir cada día de nuestra vida como uno de los llamados, escogidos y designados de Dios.

USTED ESTÁ UNGIDO PARA HACER OBRAS "MAYORES"

Usted también necesita comprender que Dios desea que su pueblo camine en la revelación sobrenatural de aquello para lo que Él envió a Jesús a la Tierra: "Para esto apareció el Hijo de Dios, para deshacer las obras del diablo" (1 Juan 3:8). El propósito de Jesús en la Tierra era destruir finalmente las obras del diablo en la vida de la gente y liberar a los cautivos. Es por ello que Él, el Cordero de Dios, fue inmolado desde la fundación del mundo (Apocalipsis 13:8). Cuando Él dejó la Tierra, nos la entregó. Algunas veces a la gente le gusta tomar el crédito de la unción, pero siempre recuerde Romanos 11:36, que afirma: "Porque de él, y por él, y para él, son todas las cosas. A él sea la gloria por los siglos. Amén".

Cuando Jesús les dijo a los discípulos que subieran al Aposento Alto y esperaran "la promesa del Padre" (Hechos 1:4), Él sabía que harían las obras que Él había hecho, e incluso obras mayores. ¿Cómo lo sé? Él ya se los había dicho: "El que en mí cree, las obras que yo hago, él las hará también; y aun mayores hará, porque yo voy al Padre" (Juan 14:12). Creo que este libro le dará el denuedo, el poder, la autoridad, la inspiración divina y la revelación para hacer obras "mayores", al recibir y fluir en la unción del Señor.

Hay otro punto de vista que debe tener acerca de la unción, y viene de Isaías 61. Jesús les declaró esto a los líderes religiosos de su día cuando estuvo en la sinagoga para leer el rollo del profeta Isaías. Él dijo con denuedo:

> El Espíritu del Señor está sobre mí, por cuanto me ha ungido para dar buenas nuevas a los pobres; me ha enviado a sanar a los quebrantados de corazón; a pregonar libertad a los cautivos, y vista a los ciegos; a poner en libertad a los oprimidos; a predicar el año agradable del Señor.
>
> —Lucas 4:18-19

Cuando Jesús declaró esas palabras acerca de sus propias obras en la Tierra, por extensión también estaba hablando acerca de las obras "mayores" que harían los discípulos, y finalmente usted y yo. *Este libro le ayudará a comprender que la unción del Señor es para usted, ahora, y para un tiempo como este.*

La unción no es para aquellos que consideren merecerla. En cambio, esta revelación y la palabra le ayudarán a ver que la unción viene de Dios a través del poder del Espíritu Santo, y es para cualquiera que la busque, la acune con toda humildad y la guarde. Esta unción tiene el propósito que describe Efesios 4: "A fin de perfeccionar a los santos para la obra del ministerio, para la edificación del Cuerpo de Cristo, hasta que todos lleguemos a la unidad de la fe y del conocimiento del Hijo de Dios, a un varón perfecto, a la medida de la estatura de la plenitud de Cristo" (vv. 12-13).

Es decir, ¡USTED! Con esta revelación en su corazón y su mente, usted comenzará a decretar y declarar: "El Espíritu del Señor está sobre MÍ, porque el Señor ME ha ungido!".

Dios le ha regalado muchos dones sobrenaturales al Cuerpo de Cristo, y Él desea que utilicemos todos los dones que nos ha dado de antemano para hacer avanzar el Reino con otros y que veamos vidas cambiadas a través del poder del evangelio. De manera que sin importar los dones que tenga, la capacidad en la que se mueva y aquello para lo que sienta que Dios lo haya llamado, lo animo a utilizar esos dones, *¡porque USTED tiene la unción!*

USTED TIENE LA UNCIÓN PARA LA VICTORIA

Hay algo más para lo que es la unción: para ayudarlo a comprender que sin importar lo que esté enfrentando—sea una prueba, adversidad o dificultad; un llamado; o cualquier cosa que sienta no ser capaz de manejar o de la cual quiera salir—¡Dios desea que sepa que *usted tiene la unción!*

Posiblemente esté pasando por una temporada particularmente difícil ahora en sus finanzas. ¡Necesita saber que *usted tiene la unción!* Por el poder y la gracia de Dios, su Palabra declara: "Mi Dios, pues, suplirá todo lo que os falta conforme a sus riquezas en gloria en Cristo Jesús" (Filipenses 4:19). El rey David dijo: "Joven fui, y he envejecido, y no he visto justo desamparado, ni su descendencia que mendigue pan" (Salmos

37:25). ¡Usted saldrá de eso! ¡Hay una unción sobre usted para creerle a Dios por lo increíble!

Posiblemente haya recibido un informe negativo de su médico. Necesita comprenderlo: *¡usted tiene la unción!* ¿Qué informe creerá? *Dígalo:* "Yo creo el informe del Señor". Jesús dijo: "Si puedes creer, al que cree *todo le es posible*" (Marcos 9:23, énfasis añadido). Él dijo en otra ocasión: "Para los hombres esto es imposible; mas para Dios *todo es posible*" (Mateo 19:26, énfasis añadido). Usted está ungido para obtener la victoria sobre esa enfermedad y salir como el sanado del Señor. Dios va a ungirlo para aumentar su nivel de fe con el fin de que crea para obtener un milagro.

Es posible que se encuentre en la batalla de su vida por su matrimonio, sus hijos y su hogar, entonces crea esto: *¡Usted tiene la unción!* Dios le dará la gracia y la gloria añadidas que necesita para creer en Él y obtener un milagro.

Para todo lo que esté enfrentando ahora, hay una unción...para enfrentarlo, superarlo, restaurarlo, transformarlo y ver un cambio dinámico. ¿Por qué? ¡El Espíritu del Señor está sobre usted! Él lo ha ungido, de manera que "esto" se convierta en "lo" que fue hablado por el profeta Joel. Debido a que Dios está derramando su Espíritu Santo sobre su vida, *¡usted tiene la unción!* Usted puede salir de todo desafío en victoria.

Con esto en mente, al terminar cada capítulo, asegúrese de realizar el ejercicio final. Dios desea que experimente su unción como nunca antes. Le insto a tomarse el tiempo para realizar este viaje hacia la unción personal. Dios desea hacer obras "mayores", tanto *en* usted como *a través* de usted.

Prepárese para encontrarse cara a cara con una unción que nunca pensó posible, simplemente porque reconocerá y declarará: "Oye, ¿sabes? ¡El Espíritu del Señor Dios ESTÁ sobre MÍ, y Él ME ha ungido para esto! ¡El mismo poder que levantó a Jesús de los muertos está en MÍ; estoy ungido para realizar obras 'mayores' en su nombre!". Le profetizo que después de leer este libro, usted se encontrará completamente lleno de la confianza, del denuedo y de la autoridad que nunca creyó posibles. ¿Por qué? Porque *¡USTED TIENE LA UNCIÓN!*

uno

EN EL PRINCIPIO

"Y dijo Dios: Sea..."

—GÉNESIS 1:3

LA PALABRA *UNCIÓN* está asociada con muchas cosas de la Palabra de Dios. De manera que vamos a tomar tiempo para desmenuzarla. No importa cuánto tiempo estemos en el río de la unción, siempre podremos comprender lo que esta es en su sentido más pleno. Mire, a menudo juzgamos a la gente porque no son tan "profundos" como nosotros, o no están tan avanzados en su relación con Dios. Me he dado cuenta de que, como creyentes, debemos estar conscientes de los demás. Alguien dijo una vez: "Ten cuidado de cómo juzgas a la gente en su aparente simplicidad; recuerda, Dios se hizo bebé".

Algo que Dios me ha ayudado constantemente a comprender en mi vida es el poder de una pequeña palabra: *sí*. Es una palabra pequeña, pero lleva un gran golpe. Pienso en María, la madre de Jesús, y en lo grande que pudo haber sido esa palabra para ella. Seguro, Dios tenía un plan B para apoyarse, pero María decidió decir: "Hágase conmigo conforme a tu palabra" (Lucas 1:38).

¿Está hambriento por experimentar más de la unción? Le tengo buenas noticias. Dios ya le ha pronunciado el "Sea..." para su vida. Si usted no le ha respondido al Señor, Él está esperando que diga, tal como María lo hizo: "Hágase *conmigo* conforme a tu palabra". A medida que se desarrolle la revelación de este libro en su vida, usted descubrirá que constantemente se encontrará en una posición en la que Dios lo estará desafiando a decir estas mismas palabras.

Si planea cumplir su destino en Dios y crecer en la unción, como Jesús, usted *aprenderá la obediencia* al Padre (vea Hebreos 5:8). Dios está buscando que usted le diga que sí sin dudar. Una cosa sé acerca de Dios, y es que Él escucha y responde las oraciones sinceras. Si usted es brutalmente honesto y le dice a Dios cuánto desea la unción, usted verá que comienzan a abrirse cosas en su interior y en sus circunstancias que lo asombrarán completamente.

Yo realmente me divierto con las personas que algunas veces se me acercan con toda sinceridad y dicen: "Hermana Judy, realmente deseo que Dios me use. Realmente deseo que su unción opere en mi vida, pero deseo simplemente que el Espíritu Santo lo haga suavemente y a mi manera...No deseo caer en el Espíritu y quedar avergonzado, pero realmente tengo hambre de la unción de Dios en mi vida".

Siempre les digo: "Solo voy a orar y usted permita que Dios haga lo que el quiera...¿Está de acuerdo?". Normalmente responden: "¡Sí! Eso es exactamente lo que deseo, lo que Dios quiera". Entonces, a menudo cuando oro ni siquiera les impongo manos. La mayoría caen bajo el poder de la unción, de cara. Cuando se levantan, su cabello está hecho un desastre, su maquillaje está corrido y no pueden hablar ni caminar. Pero aun así son las personas más gozosas del lugar.

¡Alabado sea Dios! ¡Eso es lo que hará un encuentro vivo con la unción del Espíritu Santo! Cuando el *sobre* de Dios toca nuestro *natural*—cuando la gloria del Padre (su "*kābôd*", su peso[1]) se encuentra con nuestra carne humana—no hay manera de permanecer de pie bajo esa unción sobrenatural.

Algunas veces cuando experimentamos esos momentos de gloria con Dios, nos emocionamos y comenzamos a hacerle todo tipo de promesas; comenzamos diciéndole: "Sea...", a Dios. No hay nada malo con eso, pero siempre recuerde: aunque haya veces en que como humanos lo olvidemos, *Dios nunca lo olvida.* Lo que le prometió hace dos, tres o más años en el pasado, Él lo recuerda. Y en algún momento ÉL LE RECORDARÁ aquellas cosas.

El génesis de la unción

Existe solamente un lugar para comenzar cuando se trata de hablar acerca de la unción, y esto es desde el principio. La tradición judía sostiene que Moisés es el autor de los primeros cinco libros de la Biblia, la cual comienza con el libro de Génesis. Moisés, bajo la directa unción de Dios, fue divinamente inspirado para registrar cada dato y principio bíblico que han estado bajo el escrutinio del humanismo secular, el ateísmo, el darwinismo y cualquier otro "ismo", desde el comienzo de la raza humana.

Pero la verdad todavía permanece...en el principio era Dios: Dios el Padre, Dios el Hijo y Dios el Espíritu Santo. Y por cierto, ¡ellos siguen estando vivos hoy! Mahoma (el fundador del islam) está muerto. Alá (el dios del islam) está muerto. Krishna (el dios del hinduismo) está muerto; pero Jesús estuvo, está y siempre estará vivo. Él vive para siempre.

Creo que cuando Dios dijo: "Que sea...", todo el ejército celestial, incluyendo a los ángeles, estuvo involucrado en la creación. Génesis abre con la disposición del Sistema Solar, la separación de las aguas y la formación de la tierra para lo que estaba por venir...¡el hombre! Luego, en el instante de haber terminado sus creaciones preciadas, Dios bendijo a Adán y a Eva, y les dijo:

> Fructificad y multiplicaos; llenad la tierra, y sojuzgadla, y señoread en los peces del mar, en las aves de los cielos, y en todas las bestias que se mueven sobre la tierra.
>
> —Génesis 1:28

De manera que desde el principio, Dios nos designó hijos e hijas del primer Adán, y luego por fe nos convertimos en hijos e hijas del segundo Adán, Jesucristo, herederos de este dominio terrenal (ver 1 Corintios 15:22, 45-50). *Fuimos hechos para señorear, reproducirnos, multiplicarnos y poblar la Tierra con la semilla divina.* En el principio, Dios nos dio por derecho propio este poder y esta unción, como descendientes de sus primeras creaciones; y hoy tenemos la autoridad para hacer lo mismo en cada esfera de nuestra vida.

¿Cómo hago esto? La Biblia declara en Hechos 10:38: "Cómo Dios ungió con el Espíritu Santo y con poder a Jesús de Nazaret, y cómo éste anduvo haciendo bienes y sanando a todos los oprimidos por el diablo, porque Dios estaba con él". Ahora, si Dios ungió a Jesús, y nosotros le pertenecemos a Él, entonces podemos saber con seguridad que Él nos ha ungido. Las Escrituras mismas (nuestra autoridad final) validan y califican esto, diciendo:

> Y si el Espíritu de aquel que levantó de los muertos a Jesús mora en vosotros, el que levantó de los muertos a Cristo Jesús vivificará también vuestros cuerpos mortales por su Espíritu que mora en vosotros.
>
> —ROMANOS 8:11

De hecho, cuando vemos la palabra *Cristo* en las Escrituras, identifica a Jesús como "El Ungido". Llegaremos a ello en el capítulo 2.

EL PRINCIPIO DE GÉNESIS

Así como Dios nos ungió desde el principio, Él estableció un principio que gobierna la manera en que se libera su unción. Una traducción contemporánea en inglés de las Escrituras describe lo que sucedió en el principio de la creación de esta manera:

> Primero esto: Dios creó los cielos y la Tierra, todo lo que vemos, todo lo que no vemos. La Tierra era una sopa de inexistencia, un vacío insondable, una negrura oscura. El Espíritu de Dios se cernía como un ave sobre el abismo acuoso. Dios habló: "¡Luz!". Y la luz apareció. Dios vio que la luz era buena y separó la luz de la oscuridad. Dios llamó a la luz Día; llamó a la oscuridad Noche. Fue la tarde, fue la mañana: El primer día.
>
> —GÉNESIS 1:1-5, TRADUCIDO DE LA VERSIÓN EN INGLÉS THE MESSAGE

Me encanta cómo Eugene Peterson, el autor de *The Message*, describe la "inexistencia" de la Tierra, antes de que Dios soltara su poder para crear el universo. Ahora veamos el principio leyendo la traducción de Génesis 1:2 de la versión Amplificada de la Biblia en inglés:

> Y la Tierra estaba desordenada, no tenía forma y era un yermo vacío, y las tinieblas estaban sobre la faz del sumamente grande abismo, y el Espíritu de Dios se movía (revoloteando, cerniéndose) sobre la faz de las aguas.

Sin importar cómo lo veamos, en medio del yermo vacío, de la inexistencia, del vacío profundo y de la negrura oscura de un sumamente grande abismo...sucedió algo asombroso: *Dios comenzó a hablar.* Las palabras fueron simples, no obstante extremadamente poderosas y de una gran magnitud.

> *Sea...*
>
> —GÉNESIS 1:3, ÉNFASIS AÑADIDO

Coloqué estas palabras al comienzo del capítulo y las repetí aquí, porque este es el principio de Génesis. *Esto* es *lo* que Dios declaró a través del profeta Joel que sucedería en los postreros días; porque sucedió en el principio. Dios derramó su Espíritu entonces, y Él está derramando su Espíritu mientras usted lee en este momento. *Le declaro lo siguiente: este libro tiene el propósito de informarle que antes de la fundación de la Tierra, Dios ya había hablado su Palabra a su vida. Él ya ha declarado: "Sea…".*

Así como usted ha sido ungido desde el principio como un descendiente del primer y del segundo Adán, usted también ha heredado el principio de Génesis. Es por ello que creo con cada fibra de mi ser que si usted no lo está diciendo, usted no lo verá. En otras palabras, si usted no abre su boca y comienza a hablar "Sea…" en las situaciones de profunda oscuridad en su vida, usted no verá a Dios derramar su Espíritu, transformando la oscuridad en luz y la inexistencia en vida.

¡Usted tiene la unción! Amigo, usted tiene fe en Jesús, de manera que puede creer todo lo que el Padre, el Hijo y el Espíritu Santo ya han hecho por usted. Hebreos 11:1 dice: "Es, pues, la fe la certeza de lo que se espera, la convicción de lo que no se ve". Dios el Padre habló para que la creación se moviera por el poder de su unción, ¡y todo el ejército celestial inmediatamente dijo: "Sí", y se dispuso a trabajar! El espíritu de fe es: "Creí, por lo cual hablé" (ver 2 Corintios 4:13). *Hablamos porque tenemos fe en Dios.*

Debido al principio de Génesis, las palabras que hablamos son poderosas. Y estas pueden tener un efecto positivo o negativo. Jesús dijo:

> El hombre bueno, del buen tesoro del corazón saca buenas cosas; y el hombre malo, del mal tesoro saca malas cosas. Mas yo os digo que de toda palabra ociosa que hablen los hombres, de ella darán cuenta en el día del juicio. Porque por tus palabras serás justificado, y por tus palabras serás condenado.
>
> —MATEO 12:35-37

¿Declarará: "Sea..."?

Cuando Dios declara: "Sea...", nuestra respuesta siempre debe ser, como dije al principio de este capítulo: "Hágase conmigo conforme a tu palabra". Si deseamos saber cómo se siente Dios acerca de nuestra situación o un dilema, es tan simple como ir a la Palabra.

> Cerca de ti está la palabra, en tu boca y en tu corazón. Esta es la palabra de fe que predicamos.
>
> —Romanos 10:8

> Los labios del justo saben hablar lo que agrada; mas la boca de los impíos habla perversidades.
>
> —Proverbios 10:32

> Te has enlazado con las palabras de tu boca, y has quedado preso en los dichos de tus labios.
>
> —Proverbios 6:2

> Toma control de lo que digo, oh Señor, y guarda mis labios.
>
> —Proverbios 141:3, ntv

Jesús es la Palabra hecha carne (ver Juan 1:1-9, 14). La Palabra fue, es y por siempre será nuestra autoridad final. No importa cómo luzca la situación, cómo se sienta o cuánto tiempo parezca que pueda durar, debemos alinear nuestras palabras con la Palabra viviente, infalible y fiel de Dios.

De manera que vuelvo a decir: Debemos *aprender la obediencia* como Jesús lo hizo cuando vino a la Tierra...y eso comienza al decir lo que la Palabra dice acerca de nosotros. La unción se pone en marcha, tanto en nosotros como a través de nosotros, alineando todo con la Palabra de Dios. Es por ello que la Biblia dice: "Diga el débil: Fuerte soy" (Joel 3:10). Podemos extender este principio a otras áreas de la vida, tales como las finanzas, declarando que somos ricos, por lo que Dios nos ha provisto (ver Filipenses 4:19).

Es por ello que Salmos 107:2 nos dice: "Díganlo los redimidos de Jehová" (énfasis añadido). ¿Necesito decir más? Jesús dijo: "Cualquiera que *dijere* a este monte: Quítate y échate en el mar, y no dudare en su corazón, sino creyere que será hecho lo que *dice*, lo que *diga* le será hecho" (Marcos 11:23, énfasis añadido). *La Palabra no puede ser más enfática que eso.*

Declarar "Hágase conmigo…" a la Palabra de Dios, es decirle un *sí* resonante al Señor. Mientras estaba escribiendo este capítulo, recordé dos mujeres prominentes de la Biblia. Una estuvo dispuesta a decir que sí, y la otra dudó, e incluso mintió después de que Dios le prometió un regalo especial.

Veamos a la primera mujer, María. Muchos eruditos creen que ella era una joven muy hermosa, en sus años de adolescencia cuando el ángel vino y "dijo: ¡Salve, muy favorecida! El Señor es contigo; bendita tú entre las mujeres. Mas ella, cuando le vio, se turbó por sus palabras, y pensaba qué salutación sería esta" (Lucas 1:28-29).

En este punto, el mundo se encontraba en un terrible predicamento y necesitaba a un Salvador. Todos conocemos bien la historia y conocemos la respuesta de María ubicada al principio de este capítulo. Pero caminemos un poco a través de este proceso. Cuando María escuchó al ángel, pensando profundamente acerca de las repercusiones que eso podría traer, ella "calculó el precio" y determinó que solamente podía decir una cosa: "He aquí la sierva del Señor; hágase conmigo conforme a tu palabra" (v. 38).

Permítame poner su respuesta de otra forma: "Señor, no sé cómo será esto, qué pensarán todos, especialmente José, o cómo resultará; todo lo que sé es que creo lo que se me ha dicho. Estoy de acuerdo con tu Palabra". Y la unción de Dios comenzó a obrar.

Muchos creyentes saben lo que Dios ha dicho—profetizado,

decretado y declarado—a su vida. No obstante, muchos se preguntan, dudan y analizan la palabra revelada de Dios para ellos, intentando analizar cada punto y cada coma... ¡pero qué eso no nos suceda a usted y a mí! Dios está diciendo: "Entra; el agua se siente bien. Solo salta. Yo te atraparé. No te preocupes por lo que piense la gente. Solo entra en el río de mi unción y mira cuan glorioso será caminar sobre el agua".

¿Qué habría sucedido si María no hubiera dicho que sí? Yo le diré lo que habría sucedido: Dios se habría ido con alguien más, porque la obra del Señor *debe continuar*, ya sea con nosotros o sin nosotros. La joven María estuvo dispuesta a decirle que sí a Dios, a pesar de lo desconocido, y a seguir su dirección. Miles de años más tarde, ella es honrada por ello.

Hubo otra mujer que se enfrentó a un desafío y un predicamento que fueron una prueba de su fe. Esa mujer fue *Sara*, un nombre que Dios le había dado, porque se convertiría en "madre de naciones" (Génesis 17:15-16). Pero dudó de la promesa que Dios le había dado a ella y a su esposo, Abraham. Dios le había prometido a Él que de su simiente vendrían naciones como su herencia (ver Génesis 17:4-5, 18-19). Él se lo había prometido incluso antes de esto: "No te heredará éste [Eliezer], sino un hijo tuyo será el que te heredará [...] Mira ahora los cielos, y cuenta las estrellas, si las puedes contar [...] Así será tu descendencia" (Génesis 15:4-5).

El ángel del Señor le apareció luego a Abraham y le declaró: "De cierto volveré a ti; y según el tiempo de la vida, he aquí que Sara tu mujer tendrá un hijo" (Génesis 18:10).

Cuando el ángel le anunció esto a Abraham, Sara se estaba escondiendo detrás en la entrada de la tienda. Ella escuchó esa palabra, y la Biblia dice:

> Así que se rió en silencio dentro de sí misma, y dijo: "¿Cómo podría una mujer acabada como yo disfrutar semejante placer, sobre todo cuando mi señor—mi esposo—también es muy viejo?". Entonces el Señor le

> dijo a Abraham: ¿Por qué se rió Sara y dijo: "¿Acaso puede una mujer vieja como yo tener un bebé?". ¿Existe algo demasiado difícil para el Señor? Regresaré dentro de un año, y Sara tendrá un hijo.
>
> —GÉNESIS 18:12-14, NTV

Creo que es interesante que Dios tomara las palabras que Sara utilizó para describirse a sí misma, lo cual nos permite saber que *Él es un Dios de detalles.* Es por ello que Jesús dijo que en el día del juicio daríamos cuenta de toda palabra ociosa que habláramos. El versículo 15 dice: "Sara tuvo miedo, por eso lo negó: Yo no me reí. Pero el Señor dijo: No es cierto, sí te reíste" (NTV). Sara, en efecto se convirtió en madre de naciones, *porque Abraham le creyó a Dios;* no obstante miles de años después podemos ver a través de su testimonio cuan serio es Dios acerca de su Palabra.

Ahora, permítame hacerle una pregunta seria. ¿Se ha estado riendo de lo que Dios ha hablado, profetizado, prometido o declarado sobre su vida a través de su Palabra? ¿Un profeta, pastor, evangelista que conoce o un completo extraño le habló una palabra del Señor que resonó en lo profundo de su ser? Puede tomar dos decisiones: (1) Puede reírse y decir: "Eso está chiflado. Nunca me sucederá a mí"; o (2) puede decir, como lo hizo María: "Hágase conmigo conforme a tu palabra".

En algún momento usted tendrá que comenzar a decir: "Hágase conmigo conforme a tu palabra, Señor. Lo que tengas para mí, estoy listo". Yo lo declaro sobre usted hoy, ¡SEA!

- Ir a las naciones... *¡Sea!*
- Comenzar un ministerio para las personas sin hogar... *¡Sea!*
- Abrir su propio negocio para financiar el Reino... *¡Sea!*
- Compartirles a sus vecinos... *¡Sea!*

- Comenzar un estudio bíblico en el trabajo... *¡Sea!*
- Financiar este derramamiento "de los postreros días"... *¡Sea!*

Hace varios años me sucedió algo que nunca olvidaré. Mi esposo y yo fuimos a escuchar a un apasionado evangelista y llevamos con nosotros a un amigo. Estábamos emocionados. Realmente estábamos hambrientos de más de Dios y sabíamos que el ministro operaba en lo profético. Habíamos estado orando y buscando al Señor, y sentí fuertemente que Dios tenía cosas asombrosas para que hiciéramos y que Él iba a abrir puertas increíbles.

El servicio estuvo sorprendente, tal como esperábamos que estuviera. Se estaba acercando al final y seguíamos sin recibir una palabra, pero no estábamos inquietos; teníamos una palabra segura de Dios y realmente no necesitábamos la palabra de un hombre. Pero para ser sincera, yo le estaba diciendo al Señor: "Sin embargo, seguramente sería lindo que pudiéramos recibir una confirmación".

Mientras pensaba todo eso, de pronto, llamó a la persona que había asistido con nosotros y comenzó a profetizarle cosas asombrosas. Le digo, yo estaba muy emocionada de escuchar todo lo que le estaban diciendo a esa otra persona. Luego, igualmente de pronto, la atención se enfocó en Jamie y en mí. Él nos comenzó a decir: "Veo limosinas largas. Veo grandes estadios. Veo cámaras de televisión en todos lados. Los veo ante hombres poderosos: presidentes, primeros ministros, gente de gran importancia". Cuando comenzó a decirnos todo eso, fue como una gran confirmación en nuestro espíritu de lo que Dios nos había dicho en el "aposento" de oración. De manera que comenzamos a regocijarnos con la palabra del Señor y comenzamos a echar mano de ella más contundentemente.

Tan pronto como entramos en nuestro vehículo para marcharnos de la reunión, la otra persona comenzó a burlarse, incluso a mofarse de la palabra del Señor, hablando de cuan tonto y ridículo fue escuchar todo eso salir de la boca de ese hombre. Nosotros le advertimos que tuviera cuidado, porque debemos honrar la Palabra del Señor cuando es hablada con toda sinceridad, especialmente por un hombre o una mujer de Dios. Puedo decirle que a partir de ese día, Dios comenzó a hacer obras poderosas en nuestra vida y ministerio. Jamie y yo creímos y clamamos esas promesas de la Palabra de Dios habladas sobre nosotros, y comenzamos a llamar esas cosas que no eran como si fueran. Puedo decirle con sinceridad que todo lo que este hombre nos profetizó ha sucedido, y más. Quizá pregunte: "¿Qué hay de la otra persona?". Siento decir que debido a su incredulidad, él se perdió de lo que Dios tenía para él. Hoy tiene una vida quebrantada e insatisfecha en el ministerio, especialmente con respecto a lo que se le profetizó. ¿Qué sucedió? Nosotros creímos y recibimos todo lo que Dios dijo que sucedería, y él no. Uno se rió de la palabra del Señor y dijo: "Eso es tan absurdo y tonto. Eso nunca sucederá". Y no sucedió. Y los otros dijeron: "¡Hágase con nosotros conforme a tu palabra, oh Dios!". ¡Y todo sucedió!

Al continuar aprendiendo acerca de la unción, usted tiene que estar dispuesto a decirle que sí a Dios y a decirlo de verdad. Esto sucede: cuando decimos que sí, Dios sabe si somos completamente sinceros, porque Él conoce nuestro corazón; de manera que podemos ir y ser sinceros con Él la primera vez. Él está esperando que usted crea y responda. Sea como María y diga que sí, sin duda ni vacilación. *¡Usted tiene la unción!*

HÁGASE CONMIGO . . .

¿Cuál es el "Sea…" que Dios ha hablado a su vida? ¿Cómo le respondió usted? ¿Creyó como María y dijo que sí, o pensó que todo podía estar equivocado y rechazó la promesa? ¿Dijo que sí como Abraham, o se escondió y se rió como Sara, pensando en sus errores pasados y en el tiempo que ha perdido por causa de ellos? Posiblemente dijo que sí, pero por alguna razón usted dejó de creer y de seguir obedientemente a Dios después de recibir la promesa que Él tiene para su vida.

Tome un tiempo y vaya al Señor en oración. Primera de Juan 1:9 dice: "Si confesamos nuestros pecados, él es fiel y justo para perdonar nuestros pecados, y limpiarnos de toda maldad". ¡Vaya, confiese, sea limpiado y hecho libre! Me pongo de acuerdo con usted, en el nombre de Jesús, en que usted le dirá al Señor con todo su corazón: "Hágase en mí conforme a tu palabra", y salte al río de la unción… *¡porque usted tiene la unción!*

dos

¿QUÉ ES UNCIÓN?

Vino a Nazaret, donde se había criado; y en el día de reposo entró en la sinagoga, conforme a su costumbre, y se levantó a leer. Y se le dio el libro del profeta Isaías; y habiendo abierto el libro, halló el lugar donde estaba escrito: El Espíritu del Señor está sobre mí, por cuanto me ha ungido para dar buenas nuevas a los pobres; me ha enviado a sanar a los quebrantados de corazón; a pregonar libertad a los cautivos, y vista a los ciegos; a poner en libertad a los oprimidos; a predicar el año agradable del Señor. Y enrollando el libro, lo dio al ministro, y se sentó; y los ojos de todos en la sinagoga estaban fijos en él. Y comenzó a decirles: Hoy se ha cumplido esta Escritura delante de vosotros.

—Lucas 4:16-21

¿Qué es unción? Es gozo, pasión, poder, gloria, confianza, denuedo y autoridad. Nos hace llorar. Nos hace reír. Nos da una indignación divina. Es el poder para predicar, cantar, testificar y hacer guerra espiritual. Es paz. Viene de pronto y toma tiempo. Es mansa y es fuerte. La unción vendrá a ayudarnos a salir adelante después de la muerte de un ser querido, la rebeldía de un hijo, la medianoche de un divorcio, el desafío de un hijo con necesidades especiales o el dolor o sufrimiento de un padre o un ser amado.

Algunas de estas descripciones suenan casi como un

oxímoron, por ejemplo, hielo frito o, más acertadamente en la Escritura, un siervo rey o el Hijo de Dios que es hombre y Dios. La unción está personificada y cumplida en Jesucristo, quien abrió las Escrituras y leyó la profecía de Isaías, declarándole públicamente al Padre y a todos los que estaban en la sinagoga: "Hágase conmigo conforme a tu palabra".

Sus palabras causaron un revuelo aquel día, tanto que la gente se llenó de ira y lo echaron de la ciudad, deseando apedrearlo. Pero la historia nos dice que Jesús "descendió" a Capernaum, una ciudad de Galilea y comenzó a operar en la plenitud de la unción (ver Lucas 4:28-37). ¡Hablando de contradicciones! Este mismo Cristo, El Ungido, también dijo: "Todo el que procure salvar su vida, la perderá; y todo el que la pierda, la salvará" (Lucas 17:33). Cuando viene la unción, crea una paradoja divina; tal como lo hizo al principio de la creación. La luz expone la oscuridad. La verdad confronta las mentiras. La vida confronta la muerte. Todo lo que puede ser sacudido es removido, de manera que las cosas que no pueden ser sacudidas permanezcan.

Entonces, ¿cómo podemos explicar la unción? Permítame intentarlo.

Cuando iba a la universidad, un día me avergoncé cuando alguien me preguntó: "Judy Jacobs, ¿me puedes describir la unción? La gente a menudo lo describe a uno como 'Ella está ungida' o, 'Ella es una cantante ungida'. ¿Puede decirme exactamente qué es eso y lo que significa estar ungido?". Gemí, gruñí y dije algunas cosas que sonaban espirituales, pero mis palabras en realidad no tenían profundidad ni significado. Después de ese breve encuentro, yo estaba determinada a encontrar lo que era esta "posesión" que tenía a mano y de lo que esta realmente era capaz. Me embarqué en un viaje para probar y abrazar esta cosa llamada "la unción".

Creo con todo mi ser que Dios desea que cada uno de sus hijos caminen en la unción y los dones que Él ha destinado para su vida. También creo que Él desea impartirle una "unción fresca" mientras lee este libro, una unción que cambiará su vida para siempre. Oro que usted diga como David dijo en Salmos 92:10: "Pero tú [Señor] me has hecho fuerte como un buey salvaje; me has ungido con el mejor aceite" (NTV).

La unción es tan simplemente poderosa, no obstante, profunda de una manera única. Hay muchas definiciones que podríamos utilizar para probar y capturar lo que es. De manera práctica, me he dedicado a reunir testimonios de muchos hombres y mujeres poderosos de Dios a quienes el Señor está hablando y por medio de los cuales está hablando hoy, para que me ayudaran a definir este don del Espíritu Santo que nos ha sido dado. Usted los encontrará salpicados a lo largo de este libro a medida que lo vaya leyendo, y también aprenderá que aunque estos testimonios suenen singularmente iguales, son muy diferentes. Se debe a que la unción significa algo distinto para cada persona, no obstante, es la misma para todos.

La unción es algo que el Padre da y que es distintivamente nuestro y solo nuestro; sin embargo, es el mismo Espíritu Santo quien dota a todos los hijos de Dios de este don fenomenal. ¡Qué paradoja! Así que antes de que examinemos algunos ejemplos que demuestran la unción, regresemos a la Palabra otra vez para comenzar a definirla.

El propósito de la unción

Entonces, ¿qué es la unción? ¿Cuál es su propósito? Hablando en términos generales, la unción es el poder de Dios para cumplir sus propósitos sin importar la esfera de su ministerio.

> La unción es simplemente el combustible de la presencia de Dios en uno, para el propósito de establecer el Reino de Dios. Es lo que algunos llaman untura, y precede a la manifestación y demostración sobrenaturales de Dios a través de su pueblo.[1]

La primera mención de la palabra *unción* se encuentra en Éxodo 25, y se utiliza en el contexto de preparar una ofrenda para el primer tabernáculo en el desierto.

> Jehová habló a Moisés, diciendo: Di a los hijos de Israel que tomen para mí ofrenda; de todo varón que la diere de su voluntad, de corazón, tomaréis mi ofrenda. Esta es la ofrenda que tomaréis de ellos: [cosas de] oro, plata, cobre, azul, púrpura, carmesí, lino fino, pelo de cabras, pieles de carneros teñidas de rojo, pieles de tejones, madera de acacia, aceite para el alumbrado, especias para el aceite de la unción y para el incienso aromático, piedras de ónice, y piedras de engaste para el efod y para el pectoral. Y harán un santuario para mí, y habitaré en medio de ellos. Conforme a todo lo que yo te muestre, el diseño del tabernáculo, y el diseño de todos sus utensilios, así lo haréis.
>
> —Éxodo 25:1-9

Deseo que observe que la unción primero se menciona en la preparación para el tabernáculo de Dios, el lugar que finalmente sería la casa de la presencia de Dios. También observe que las especias para el aceite de la unción y el incienso aromático vienen como una ofrenda al Señor. Tanto el tabernáculo como las especias para el aceite de la unción son patrones del Antiguo Testamento: "la sombra", por así decirlo, que se cumplen en el Nuevo Testamento. Llegaremos a ello dentro de poco.

Algo qué comprender ahora es que cuando Dios menciona el concepto o idea por primera vez en las Escrituras, como lo hace al mencionar la unción, ¡normalmente significa que Él está estableciendo un arquetipo! "Caramba—dirá usted—. ¿Qué es eso? Suena sofisticado". De acuerdo con el diccionario Webster's, la palabra *arquetipo* significa: "El patrón o modelo original del cual todas las cosas del mismo tipo son representaciones o copias",[2] o en otras palabras: "El original, el primer ejemplo o el mejor en muestra".

LA ESENCIA ORIGINAL DE LA UNCIÓN

Ahora veamos el significado de la unción, y luego capturemos la esencia original de lo que se trata. La palabra hebrea para "ungir" es *māshaḥ* (que se pronuncia maw-shakh'). Significa: "Frotar con aceite; es decir, ungir; por conclusión consagrar; también pintar".[3] La palabra hebrea para "unción" es *mishḥâ* (que se pronuncia mish-khaw'), que proviene de la raíz *ungir*, significa una "unción (la acción); por conclusión un regalo de consagración".[4] El Antiguo Testamento generalmente habla de "ungir" en el sentido de una separación especial para un puesto o función.[5]

El "aceite de la unción" mencionado en Éxodo 25:6 fue hecho con ingredientes muy especiales. Obviamente no hay manera de agotar completamente el tema acerca de este aceite, pero esto es de lo que encontré que estaban hechos el aceite, Éxodo 30:22-25:

- Mirra excelente: Esta es la resina de un pequeño árbol espinoso, la cual se obtiene cuando uno hiere el árbol penetrando la corteza.
- Canela aromática: Esta especia proviene de las islas del Océano Índico. Se produce secando la corteza interior del árbol.
- Cálamo aromático: Esta es una caña fragante cuya raíz es altamente preciada como especia. Crece en Arabia e India.
- Casia: Esta es la corteza aromática de un arbusto que se parece al árbol de canela.
- Aceite de olivas: El aceite de olivas "debe ser el mejor preservador de los aromas".[6] El vino, el aceite de oliva y el pan son los tres alimentos

básicos de Israel y esta lista se repite a lo largo del Antiguo Testamento.

Y el incienso, Éxodo 30:34-35:

- Estacte: La resina del árbol estoraque encontrado en el Oriente.
- Uña: Proviene de un cascarón de aroma dulce que se encuentra en las costas del mar Rojo y el océano Índico; también aumenta el aroma de otros perfumes.
- Gálbano: Es el jugo de un arbusto que crece en Arabia.
- Incienso puro: Esta es la más importante de las resinas aromáticas y es considerada en sí como un perfume precioso.

Todos estos ingredientes fueron ordenados y comisionados por Dios, y fueron exactamente lo que Él exigió que estuviera en el aceite que sería utilizado para consagrar el tabernáculo, el arca, la mesa de los panes de la proposición, el altar de bronce y todos sus utensilios. El aceite santo de la unción también fue utilizado para consagrar a Aarón y a sus hijos, para ministrar a Dios como sacerdotes (Éxodo 30:26-30). En esencia, Dios le estaba diciendo a Moisés: "Todo lo que tenga que ver con mi obra y la obra de mi Reino tiene que ser especial, apartado, santificado y santo. Debe ser extraordinario y único a mi manera. Y así es exactamente como deseo que sea hecho".

Dios siempre ha sido y siempre será un Dios de lo específico. Si no me cree, hable con Noé acerca del arca. Luego sostenga una buena charla con Moisés acerca del tabernáculo y todas las diferentes leyes y preceptos que se le instruyeron al pueblo de Israel que siguiera (muchos de los cuales, especialmente los judíos ortodoxos, continúan siguiendo en la actualidad).

Luego de esto, si usted todavía desea hablar de lo específico, mire de cerca Levítico y Números. Estos dos libros fundamentales, junto con los otros tres libros de Moisés, contienen detalles que ponen en vergüenza las especificaciones del béisbol. "De acuerdo con el patrón", es un término utilizado una y otra vez en la Escritura, porque Dios se aseguró de establecer arquetipos sólidos bajo el antiguo pacto que Él cumpliría en el nuevo.

LA PLENITUD DE LA UNCIÓN

LO QUE DIOS hizo a través de miles de años de la historia judía fue apuntar hacia un futuro, cuando cumpliría el tabernáculo del Antiguo Testamento con el templo del Nuevo Testamento, y el aceite de la santa unción con los regalos presentados en adoración a Jesús poco después de su nacimiento. Cuando los sabios del oriente le llevaron oro, incienso y mirra a Jesús (Mateo 2:1-11), lo profético estaba obrando, prediciendo las cosas asombrosas que sucederían.

- Oro: Considerado muy valioso, el oro era un símbolo de reinado sobre la Tierra.
- Incienso: Esta sustancia gomosa no estaba en el aceite de la santa unción original, y no necesita ayuda de esos ingredientes. Representa la vida de Jesús y su muerte sacrificial como un dulce aroma para Dios el Padre.[7]
- Mirra: Esta resina era parte del aceite original de la unción y es una representación profética del maltrato del Señor Jesús. El profeta Isaías habló acerca del Ungido y dijo: "Mas él herido fue por nuestras rebeliones, molido por nuestros pecados; el castigo de nuestra paz fue sobre él, y por su llaga fuimos nosotros curados" (Isaías 53:5).

Ahora, continuemos cavando y reconsideremos la palabra hebrea para "unción": *mishhâ*. Cuando miramos más de cerca, descubriremos que esta palabra está relacionada con la palabra original *māshîaḥ* (que se pronuncia maw-shi-akh'), "el ungido", de la cual proviene el término "mesías". También encontraremos que el título de Cristo en el Nuevo Testamento se deriva de la palabra griega *Cristos*, que es equivalente a *māshîaḥ*. Ambas palabras están arraigadas en la idea de "untar con aceite".[8] ¡Amén! Dios colocó un fundamento firme para cumplir con su unción.

Entonces, ¿cómo es que esto se relaciona con el templo del Nuevo Testamento? Recuerde que los ingredientes del aceite santo estaban entre las *primeras cosas* que Dios requirió en la *primera ofrenda,* para establecer el tabernáculo del Antiguo Testamento en Éxodo 25:1-9. Todo lo del tabernáculo, así como el altar de bronce en el atrio exterior, donde se quemaban sacrificios diariamente, fue ungido con ese aceite santísimo. Incluso los sacerdotes se untaban el aceite de esa unción, lo cual anunciaba el perfecto sacerdocio de Jesucristo.

Cuando Jesús dijo: "Destruid este templo, y en tres días lo levantaré" (Juan 2:19). Él no estaba hablando acerca del tabernáculo de Jerusalén. Él estaba declarando que su cuerpo sería levantado a la vida en tres días por el poder de la unción. Las ofrendas quemadas, las ofrendas de granos y las ofrendas de paz que Dios había descrito en Levítico 1-7, ahora fueron cumplidas con una ofrenda *final*:

> Pues la voluntad de Dios fue que el sacrificio del cuerpo de Jesucristo nos hiciera santos, una vez y para siempre. Bajo el antiguo pacto, el sacerdote oficia de pie delante del altar día tras día, ofreciendo los mismos sacrificios una y otra vez, los cuales nunca pueden quitar los pecados; pero nuestro Sumo Sacerdote se ofreció a sí mismo a Dios como un solo sacrificio por los pecados, válido para siempre. Luego se sentó en el lugar de honor, a la derecha de Dios. Allí espera hasta que sus enemigos sean humillados y puestos por debajo de sus pies. Pues mediante esa

> única ofrenda, él perfeccionó para siempre a los que está haciendo santos.
>
> —HEBREOS 10:10-14, NTV

¡Eso me encanta! El Hijo unigénito de Dios, Jesús, declaró que había hecho un sacrificio final y completo cuando colgó su cabeza y clamó: "Consumado es" (ver Juan 19:30). El tabernáculo portátil del desierto que los israelitas tenían que armar y quitar cada vez que movían el campamento, finalmente fue cumplido por Jesucristo mismo.

Y se pone mejor. El apóstol Pablo más tarde expandió el tema del templo espiritual en el Nuevo Testamento para incluir a la Iglesia. Él dijo:

> ¿No sabéis que sois templo de Dios, y que el Espíritu de Dios mora en vosotros? Si alguno destruyere el templo de Dios, Dios le destruirá a él; porque el templo de Dios, el cual sois vosotros, santo es.
>
> —1 CORINTIOS 3:16-17

Así que cuando consideramos la manera en que Jesús operó y cumplió los arquetipos originales del establecimiento de la unción en la Escritura, ¿qué nos dice todo eso? La unción siempre está conectada con dos cosas:

1. Lo que Dios está haciendo en nosotros.
2. Lo que Dios está haciendo a través de nosotros.

A su vez, nosotros le daremos toda la gloria otra vez a Él. Siempre recuerde mientras crezca en la unción: todo lo que Dios ha creado es para su propósito y su gloria.

La unción nos purifica para el propósito de Dios

La unción que proviene de Dios trae resultados. No habrá crecimiento en nuestro caminar con Dios sin su unción operando en nuestra vida. Cuando su unción venga sobre nosotros, inmediatamente comenzaremos a experimentar muchos cambios. Comenzaremos a experimentar milagros, señales y maravillas en nuestra vida. Los milagros son intervenciones sobrenaturales en los asuntos naturales del hombre. Sucede cuando todos han hecho todo en lo natural y nada ha funcionado, y es entonces que Dios entra a través de lo sobrenatural para hacer lo que solamente Dios puede hacer.

La unción hará que haya un cambio en nuestro propósito y cambios en nuestro corazón, mente y acciones. Ya no sentiremos que podemos traer un cambio radical a nuestra vida, y definitivamente a la vida de nadie, sin una total sumisión a Dios.

La verdad es que el Señor desea TODO de nosotros: nada más, nada menos. Punto. Esto puede ser difícil de comprender, pero recuerde que incluso Jesús tuvo que *aprender la obediencia* cuando caminó en la Tierra. Debido a que completó su misión, nosotros estamos ungidos para no descansar hasta conseguirlo. Una cosa he aprendido acerca de este viaje y la búsqueda de vivir el propósito de Dios, y es que *su propósito debe permanecer.*

Piense en las especias del aceite de la santa unción. Estas tenían que ser raspadas, molidas, resinadas, quemadas y demás, para ser puras y santas, listas para el uso previsto por Dios. Tal y como el instruyó que se hiciera esto con las especias, créame, Él nos hará esto cuando se prepare para utilizarnos. Todo lo que puede ser sacudido tiene que ser removido, para que aquellas cosas que no puedan ser sacudidas permanezcan.

Cuando me mudé de mi casa de Carolina del Norte, dejé todo lo que me era familiar—todo lo que amaba, los lugares a los que llamaba *hogar*, la gente que amaba y que me amaba—solamente para ser desafiada a vivir en entornos desconocidos, sin saber quiénes serían mis amigos y mi familia en mi nuevo hogar lejos del hogar. Al hacer eso, en esencia estaba diciéndole a Dios: "Esto es mi todo, Dios. Llévame". Y Él me llevó. Nunca he mirado atrás. Eso sucedió hace treinta y tres años.

Como dije antes en este capítulo, la unción se manifiesta en muchas maneras grandiosas, pero en su sentido más puro, he aprendido que es el poder que provee lo que necesitemos para cumplir con nuestro propósito único en el Reino de Dios.

Cuando miro en retrospectiva la fidelidad de Dios, es realmente asombroso darse cuenta de cómo su mano me ha guardado, protegido y permitido ver muchas vidas cambiadas, todo porque dije que sí a su voluntad escogida para mi vida. Mirando hacia atrás, comprendo que he vencido muchos obstáculos, incluyendo la soledad, la pérdida de mi papá y mi mamá mientras estaba fuera, y más. Al caminar por fe y obedecer a Dios, Él me estaba purificando, porque me estaba ungiendo para llevar a cabo su propósito.

Dios demanda vasos puros. El tabernáculo del Antiguo Testamento tiene muchos tipos y sombras que aprender, sujetar, y por los cuales caminar en nuestra vida diaria. Me encanta estudiar el tabernáculo, porque cada vez que lo hago, aprendo algo nuevo. Recientemente estaba estudiando y me encontré con las palabras de Bill Bright, el fundador de Campus Crusade for Christ:

> La razón por la que el lavacro era pulido tan finamente era para reflejar la imagen de la persona que estaba frente a él, la persona que se acercaba a lavarse las manos y los pies. Esta es una imagen para autoexaminarnos, con la ayuda del Espíritu Santo, y confesar cualquier pecado que encontremos. La Biblia nos dice: "Si confesamos nuestros pecados, él es fiel y justo para perdonar nuestros pecados, y limpiarnos de toda maldad. Si decimos que no hemos

pecado, le hacemos a él mentiroso, y su palabra no está en nosotros" (1 Juan 1:9-10).[9]

Primera de Juan 3:3 nos dice claramente: "Y todo aquel que tiene esta esperanza en él, se purifica a sí mismo, así como él es puro". Un pastor dijo: "En el griego, el verbo es *hagnizei eauton*, que es un presente de indicativo activo, que significa: 'él se purifica diaria y continuamente, momento a momento'".[10]

¡Caramba! ¿Qué es "esta esperanza"? Es la segunda aparición de nuestro Señor y Salvador, Jesucristo. Entonces, si usted cree que el regreso de Jesús puede suceder en cualquier momento, por el poder de la unción, usted se está purificando diariamente. El Espíritu Santo, el conservador de la unción y nuestro consolador y maestro, nos ayuda a purificarnos. Él está alistando a la novia de Cristo para el gran día en que nos uniremos con nuestro Amado. Él prometió que podía dirigirnos y guiarnos a toda verdad. El Espíritu Santo está ahí como el conservador de la unción para protegernos, recordarnos, convencernos y acercarnos a Jesús y hacia una mayor unción con Él.

Ejemplos reales de la operación en la unción

Ahora, ¿cómo se demuestra la unción? La Biblia está llena de hombres y mujeres santos, cuyas vidas demostraron la unción que Dios les había confiado. Sus ejemplos están ahí para que nosotros podamos recordar la fidelidad del Padre y lo que Jesús ha prometido: "El que en mí cree, las obras que yo hago, él las hará también; y aun mayores hará, porque yo voy al Padre" (Juan 14:12).

Primero que nada, miremos a Abraham, el padre de muchas naciones (Génesis 17:1-5). Dios le dijo: "Toma ahora tu hijo, tu único, Isaac, a quien amas, y vete a tierra de Moriah, y ofrécelo allí en holocausto sobre uno de los montes que yo te diré" (Génesis 22:2).

Algo que siempre me ha parecido interesante es la manera

en que la Biblia dice: "Y Abraham *se levantó muy de mañana*" y se puso en marcha (v. 3, énfasis añadido). No puedo imaginar cómo se sintió Abraham cuando se levantó y se preparó para llevar a cabo lo que Dios le había dicho. No sé, posiblemente yo habría esperado al menos hasta el mediodía para ver si Dios cambiaba de opinión. ¡Abraham no! Él estaba determinado a obedecer y fluir en la dirección del Espíritu, el poder y la unción de Dios.

La verdadera imagen de la unción en esta historia es cuando Abraham levantó ese cuchillo y se preparó para asesinar a su hijo como sacrificio a Dios. Él estaba tan dispuesto a obedecer a Dios que el ángel del Señor tuvo que llamar su nombre dos veces para detenerlo (vv. 10-11). Abraham fue ungido para obedecer a Dios, incluso hasta el punto de asesinar a su propio hijo, porque la Biblia dice que estaba convencido de que Dios levantaría completamente a Isaac de entre los muertos (ver Hebreos 11:17-19). Desde luego, este encuentro es un tipo y sombra de lo que Dios el Padre hizo por nosotros al darnos a su único Hijo para morir por nuestros pecados.

Luego está Moisés, un hombre que caminó cara a cara con Dios (Números 12:6-8). No fue así al principio de su vida, pero algo sucedió en el desierto cuando vio la zarza ardiente (Éxodo 3:2). De pronto, él se aferró a su propósito e identidad; recibió una unción tan fuerte que pudo pararse frente al gran faraón de Egipto y declarar con audacia: "Jehová el Dios de Israel dice así: Deja ir a mi pueblo…" (Éxodo 5:1).

Este es el mismo Moisés que huyó del faraón después de haber asesinado a un egipcio, temiendo por su vida (Éxodo 2:11-15). Pero por el poder de la unción, más tarde se puso de pie frente a él como un avezado hombre de Dios y declaró la palabra del Señor con respecto al pueblo de Israel.

Una de nuestras historias favoritas para predicar y leerles a nuestros hijos es la historia de David y Goliat (1 Samuel 17). No hay otra historia tan emocionante en la Biblia. Cada vez que leo el relato del joven David, me llega una imagen vívida de lo que sucedió exactamente y cómo debió lucir esa escena.

¿Puede imaginarse a ese chico rubicundo caminando contra algo tan enorme como un gigante? David se ofendió tanto por la manera en que Goliat se estaba burlando del Dios de Israel que estuvo determinado a hacer algo para cerrarle la boca. La Biblia dice que David declaró: "Porque ¿quién es este filisteo incircunciso, para que provoque a los escuadrones del Dios viviente?" (v. 26). Luego, cuando se dirigió hacia la batalla, David recogió cinco piedras lisas del río y cuando comenzó a correr hacia Goliat para eliminarlo, él tomó una de esas piedras bajo la unción de Dios, y la hondeó hacia el gigante.

No solamente lo golpeó en el "punto óptimo" para que la piedra se hundiera en su frente, sino cuando Goliat cayó, David tomó la propia espada de Goliat y lo degolló (ver 1 Samuel 17:26-51). ¡Él estaba verdaderamente ungido para esa obra poderosa! (¡Qué bárbaro! ¡Podría predicar aquí mismo!). Eso es exactamente lo que usted está a punto de hacer con la unción que viene a su vida. Dios le dará el poder y el denuedo para degollar al gigante del temor, duda e incredulidad, y usted levantará la espada del Espíritu, que es la Palabra de Dios, y asesinar con la unción a todo enemigo de Dios que venga sobre su vida; créame, cuando caigan, no se levantarán otra vez.

Un ejemplo del Nuevo Testamento es Juan el bautista, quien predicó en el desierto y miles fueron bautizados por él, incluyendo a Jesús, El Ungido (Mateo 3:1-6, 13-15). A Juan no le intimidaban los líderes religiosos de aquellos días. Cuando se le acercaron en el desierto, su respuesta fue: "¡Camada de víboras!—exclamó—. ¿Quién les advirtió que huyeran de la ira divina que se acerca? Demuestren con su forma de vivir que se han arrepentido de sus pecados y han vuelto a Dios. No se digan simplemente el uno al otro: 'Estamos a salvo porque somos descendientes de Abraham'. Eso no significa nada, porque les digo que Dios puede crear hijos de Abraham de estas piedras' (vv. 7-9, NTV).

Cada uno de estos hombres conocía a Dios y comprendía la unción íntimamente, porque la protegían. Ellos operaban y funcionaban en la unción de Dios conforme el Espíritu los dirigía, y caminaban en el verdadero arrepentimiento, santidad y temor del Señor. La unción que hay en nuestra vida no puede ser utilizada a su máxima capacidad, a menos que tengamos una vida consagrada, dedicada, santificada y apartada para la gloria del Altísimo.

Como ya le he mostrado, Jesucristo, El Ungido, es el ejemplo supremo de la demostración de la unción. En Hechos 10:38, Pedro expuso: "Cómo Dios ungió con el Espíritu Santo y con *poder* a Jesús de Nazaret, y cómo éste anduvo haciendo bienes y sanando a todos los oprimidos por el diablo, porque Dios estaba con él" (énfasis añadido).

Cuando María (la hermana de Martha) "tomó una libra de perfume de nardo puro, de mucho precio, y ungió los pies de Jesús, y los enjugó con sus cabellos", Judas lo llamó un *desperdicio*, pero el Señor lo recibió como *adoración* (Juan 12:3-8). Jesús le dijo: "Déjala; para el día de mi sepultura ha guardado esto" (v. 7).

Jesús fue el sacrificio supremo, el Cordero de Dios que fue inmolado desde antes de la fundación del mundo. Él es nuestro perfecto Sumo Sacerdote, quien entregó su vida una vez y para siempre, "el cual se sentó a la diestra del trono de la Majestad en los cielos, ministro del santuario, y de aquel verdadero tabernáculo que levantó el Señor, y no el hombre" (Hebreos 8:1-2).

¡Aleluya! Jesús hizo toda la obra, pagó el precio más caro y satisfizo el arquetipo original de la unción. Cuando gimió desde la cruz: "Consumado es", todo lo que necesitábamos para conocer a Dios y caminar en su unción fue provisto abundantemente. Hebreos 9:13-14 dice: "Porque si la sangre de los toros y de los machos cabríos, y las cenizas de la becerra rociadas a los

inmundos, santifican para la purificación de la carne, ¿cuánto más la sangre de Cristo, el cual mediante el Espíritu eterno se ofreció a sí mismo sin mancha a Dios, limpiará vuestras conciencias de obras muertas para que sirváis al Dios vivo?".

¿Somos perfectos? ¡No! ¡Pero Jesús sí lo es! Cuando nos acercamos a Él y confesamos nuestros pecados, Él nos perdona y nos limpia de toda maldad. Por el poder del Espíritu Santo, el conservador de la unción, podemos limpiarnos y apartarnos de la iniquidad, para convertirnos en vasijas listas para que el Maestro nos utilice (2 Timoteo 2:1). Tenemos la garantía de un pacto mejor a través de Jesucristo. Por su sufrimiento, Él ha perfeccionado para siempre a aquellos que ha santificado, es decir, ¡a usted y a mí!

Ahora le declaro: hay muchas expresiones de la unción, ¡pero Jesús es la máxima definición y demostración de ello! Él no solamente sabía lo qué era la unción, sino también personificó la unción y obró en ella—perfectamente—cada día de su vida. ¿Por qué? Él conocía su propósito para venir a la Tierra como ser humano. No descansó hasta conseguirlo y cumplió cada promesa profética concerniente a sí mismo como El Ungido.

No obstante, Jesús no nos dejó como huérfanos cuando fue levantado de la muerte y regresó al cielo para sentarse a la diestra del Padre. Él prometió: "Y yo rogaré al Padre, y os dará otro Consolador, para que esté con vosotros para siempre: el Espíritu de verdad, al cual el mundo no puede recibir, porque no le ve, ni le conoce; pero vosotros le conocéis, porque mora con vosotros, y estará en vosotros" (Juan 14:16-17).

Amigo, esta promesa es para usted, y la misma unción mora en usted. Declaro en acuerdo con la Palabra de Dios que usted recibirá y operará en la plenitud de la unción. ¡Usted hará obras mayores! ¿Por qué? ¡Porque el Espíritu del Señor está sobre usted! *¡Usted tiene la unción!*

HÁGASE CONMIGO . . .

La vida está llena de paradojas, especialmente cuando la unción viene a una situación y comienza a darle la vuelta para la gloria de Dios. *¿Se ha sentido confundido acerca de la unción, posiblemente incluso temeroso de ella a veces? ¿Está preparado para llevar a cabo el propósito de Dios destinado para su vida?* Ahora que comprende el propósito de la unción, ha visto los tipos del Antiguo Testamento y las sombras de su esencia original, y sabe que Jesucristo ha soltado la unción en toda su plenitud, es tiempo de aprovechar este regalo divino.

Por lo que ha leído hasta este momento, usted sabe que la unción viene a nosotros a través del poder del Espíritu Santo. *¿Lo conoce íntimamente?* Si no, dígale sí a Dios, entre en este territorio nuevo y desconocido, ¡y jamás mire hacia atrás!

Ahora me pongo de acuerdo con usted, en el poderoso nombre de Jesús, en que usted será lleno de la plenitud rebosante del Espíritu Santo y que la tangible evidencia de la unción del Señor le seguirá adondequiera que vaya, todos los días de su vida. Yo declaro: "Hágase con usted conforme a la Palabra de Dios"... *¡porque usted tiene la unción!*

tres

USTED TIENE LA UNCIÓN

Por tanto, id, y haced discípulos a todas las naciones, bautizándolos en el nombre del Padre, y del Hijo, y del Espíritu Santo; enseñándoles que guarden todas las cosas que os he mandado; y he aquí yo estoy con vosotros todos los días, hasta el fin del mundo. Amén.

—Mateo 28:19-20

Ahora, a medida que camino en el propósito de Dios, me encuentro en Lagos, Nigeria, en el corazón de la ciudad, en la plaza Tafawa Balewa. Aquí se encuentra todo el comercio de la ciudad y es donde se llevó a cabo la celebración de la Independencia de Nigeria, el 1 de octubre de 1960. Aquí fue donde el primer ministro Tafawa Balewa, de quien toma nombre la plaza, pronunció el discurso de independencia que cambió el curso de su nación. La entrada a la plaza tiene cuatro caballos blancos gigantes, suspendidos sobre las puertas, y siete águilas rojas. Estos son los símbolos del emblema nacional, que representan fuerza y dignidad, respectivamente.[1]

La plaza Tafawa Balewa es también el lugar donde más de 600 000 personas se reunirán durante doce horas en continua alabanza y adoración a Jesucristo, nuestro Rey. El aire es muy cálido y la noche ya ha caído en esta ciudad de más de 13 millones de personas de diferentes trasfondos, idiomas y niveles económicos; pero todos tenemos una cosa en común, y es que somos parte de la familia de Dios. Créame, si usted pudiera ver lo que yo en este momento, Dios tiene una familia grande. Hay un mar de gente hasta donde alcanzo a ver.

Muchos artistas conocidos han llegado a esta tierra para proclamar que Nigeria le pertenece a Jesús y para formar parte de los conciertos más grandes de alabanza y adoración conocidos en el cristianismo. Al llegar a nuestros vehículos escoltados, conducimos muy lentamente mientras nos acercamos a la zona repleta de gente donde tendrá lugar "La Experiencia". Entramos en el sitio donde la adoración ya está corriendo y la atmósfera está cargada de la unción del Espíritu Santo. Cientos de miles están entrando en un tiempo de exaltación y adoración.

Nuestra anfitriona nos lleva a la zona reservada para nosotros donde nos sentamos cómodamente mientras esperamos y reunimos nuestros pensamientos, nos preparamos y oramos por nosotros y aquellos que ya están en el escenario. Hemos venido a Lagos con grandes expectativas de que vidas sean radicalmente cambiadas para siempre. Mientras estoy aquí sentada, de pronto me doy cuenta de la enorme tarea que está delante de mí. Pararme frente a más de 600 000 personas no es algo que haga cada fin de semana. De manera que me encuentro sintiéndome cada vez más cómoda parándome y caminando, como me gusta hacerlo cuando oro.

Al comenzar a caminar, pienso: "Solamente voy a tomar este tiempo para orar y entrar en la adoración que está sucediendo en el escenario y en estos campos con miles de personas adorando a Dios". De pronto, la realidad de lo que está a punto de pasar en mi vida emerge tan rápidamente que literalmente me quita el aliento. Al parecer, de la nada, comienzan a invadir mi mente sentimientos de ansiedad, intimidación e incompetencia y la cruda comprensión de que estoy a punto de ministrar a más de medio millón de personas es completamente abrumadora. (Y literalmente, esa cifra no incluye a los millones, e incluso miles de millones de personas que están participando vía satélite).

Pero el satélite no me preocupa tanto como los cientos de miles que están directamente frente a mí, eso está captando absolutamente mi atención.

Entre más oro, más se siente como si el enemigo estuviera ganando una posición con pensamientos en mi mente. "¿Qué pasaría si olvido la letra? ¿Qué pasaría si me caigo en las escaleras hacia el escenario con todas esas enormes pantallas? ¿Qué pasaría si...? ¿Qué pasaría si...?". De manera que comienzo a combatir esos pensamientos y emociones, cambiándolas por pensamientos de lo que la Palabra dice de mí. Recuerde, ¡la Palabra es nuestra autoridad final! Recurrimos a la Palabra para ver lo que dice acerca de nuestra situación, cuando sentimos que nos hemos encontrado con lo imposible.

Lo primero que viene a mi mente es este libro en el que ya estoy trabajando, *¡Usted tiene la unción!* Camino de un lado al otro, comienzo a decirme lo siguiente: "¡Yo tengo la unción! ¡Yo tengo la unción!". Luego camino hacia la cortina para abrirla, y mis ojos confirman el hecho que ahora está el la boca de mi estómago: "Ay, Dios mío. Nunca he visto tanta gente en un solo lugar en mi vida". Continúo caminando y orando. He traído a dos cantantes de fondo, de manera que me acerco a ellos y, a pesar de mi ansiedad, estoy intentando animarlos, cuando, en mi mente, ellos necesitan estar animándome. Les digo a Chris y a Regenna: "Escuchen, chicos, nosotros tenemos la unción. Declarémoslo juntos: 'Nosotros tenemos la unción. ¡Nosotros tenemos la unción!'". Entre más lo decíamos, más lo creíamos. Algunas veces solamente debemos hablarnos a nosotros mismos para obtener lo que Dios piensa de nuestra situación.

¡USTED, SÍ, USTED, TIENE LA UNCIÓN!

Lo que debe comprender es que el diablo no desea que usted sepa que está ungido. Él sabe que como hijo de Dios, usted está llamado a ir adonde Dios lo envíe a hacer la obra de su Reino, cuando sea, donde sea. Así que el enemigo desea hacerlo creer que usted está vencido, que usted es menos que capaz. Por ejemplo, él podría haber venir a mí a decirme: "El ganador del premio Grammy, Israel Houghton, quizá sí está ungido para ministrar a 600 000; Mary Mary quizá sí están ungidas para 600 000; Don Moen o Fred Hammond posiblemente lo estén…Pero Judy Jacobs no. Tú eres simplemente una inocente chica nativa estadounidense, la más joven de doce hijos de Carolina del Norte. ¡Tú no!". El objetivo del enemigo es que yo crea sus mentiras, de modo que yo diga: "¡Caramba! Tienes razón, diablo. Yo no".

Esto me recuerda la historia de Gedeón, en el libro de los Jueces. Durante un tiempo en que los israelitas estaban siendo oprimidos por sus enemigos, el ángel del Señor visitó a Gedeón y le dijo: "Jehová está contigo, varón esforzado y valiente […] Ve con esta tu fuerza, y salvarás a Israel de la mano de los madianitas. ¿No te envío yo?" (Jueces 6:12, 14). Gedeón dijo: "¿Quién, yo? Soy el menor entre mi gente" (v. 15, paráfrasis de la autora). Dios no soltó a Gedeón, Él no me soltó en Lagos, y Él no lo va a soltar a usted tampoco. *Usted tiene la unción.* Lo que sea su *esto*, aquello que Dios lo esté llamando a llevar a cabo, Él le dice que usted tiene la unción.

Francamente me sentí como Gedeón. Parecía como si todos hubieran llevado sus grupos de cuatro o cinco miembros, sus tres y cuatro vocalistas de fondo, y tuvieran un coro detrás de ellos. ¿Yo? Solamente tenía dos cantantes de respaldo, mis pistas y yo en el escenario, que era del tamaño de un campo de fútbol, o eso parecía, y más de 600 000 hermanos y hermanas nigerianos, quienes son conocidos por su adoración exuberante, gritando, listos para saltar, gritar, bailar y "cantar alegres".

Dios le dijo a Gedeón en Jueces 7:2-3: "Tienes demasiados guerreros contigo; envía a algunos a casa" (paráfrasis de la autora). Gedeón seguramente pensó: "Sabes, Señor, eso es verdaderamente gracioso. ¿Pero podemos hablar en serio? Es decir, mira el tamaño de nuestro enemigo". Si Gedeón le hubiera dicho eso a

Dios, Él simplemente le habría respondido: "YO lo digo en serio; ¡tienes demasiada gente!". Pero Gedeón hizo lo que Dios le dijo que hiciera. Gedeón miró a la gente y dijo: "¡Quien tema, váyase a casa!". La Biblia dice: "Y se devolvieron de los del pueblo veintidós mil, y quedaron diez mil" (v. 3).

¿Por qué Dios recortó el número de guerreros que pudieron haber ido a la batalla con Gedeón? Él le dijo muy claramente a Gedeón: "No sea que se alabe Israel contra mí, diciendo: Mi mano me ha salvado" (v. 2). Dios no desea tres cuartos, la mitad o solo un poco de la gloria. Él desea *toda* la gloria. Él afirma: "Yo soy Jehová tu Dios, fuerte, celoso" (Éxodo 20:5). Dios no compartirá su gloria con nadie.

Luego Dios le dijo a Gedeón algo totalmente increíble. Permítame parafrasearlo: "Ah, oye, escucha, Gedeón. No me gusta decir esto, pero todavía tienes muchos". Estoy segura de que en ese momento, Gedeón tuvo que haberse sentido como: "De acuerdo, Dios, me voy a volver loco". La Biblia dice que Dios le dijo: "Llévalos a las aguas, y allí te los probaré" (Jueces 7:4).

Dios redujo el número de los guerreros de Gedeón a trescientos hombres, "los que lamieron [el agua] llevando el agua con la mano a su boca" (v. 6). Ese diminuto ejército de trescientos guerreros que le habían quedado a Gedeón enfrentaron una multitud. ¿Puede imaginar prepararse para un ejército que la Biblia describe como "langostas en multitud, y sus camellos eran innumerables como la arena que está a la ribera del mar en multitud" (v. 12)? Posiblemente no; pero, ¿puede recordar alguna vez en que Dios le haya dicho que hiciera algo que parecía abrumador? Le declaro: Dios puede hacerlo.

Usted puede pasar la prueba

¿Sabía usted que Dios nunca utilizará a nadie a menos que lo pruebe primero? Así que si se sentía como "el ombligo del mundo", deseo advertirle: prepárese para ser probado. La Biblia dice: "Pero en una casa grande, no solamente hay utensilios de oro y de plata, sino también de madera y de barro; y unos son para usos honrosos, y otros para usos viles. Así que, si alguno se limpia de estas cosas, será instrumento para honra, santificado, útil al Señor, y dispuesto para toda buena obra" (2 Timoteo 2:20-21).

Posiblemente recuerde que mencioné este versículo hacia el final del capítulo anterior. Permítame entonces preguntarle: ¿Comprendió la palabra *dispuesto*? Recuerde, es a través de su unción que Dios nos purifica para llevar a cabo su propósito. Es por ello que Dios nos probará antes de utilizarnos. Él nos dirá que hagamos algo y luego esperará que lo hagamos. Así es cómo, por el poder del Espíritu Santo, podemos *limpiarnos*. Dios probó a los guerreros de Gedeón en la ribera. Aquellos cuyo corazón estaba más preparado para confiar en Él, y en Gedeón, en batalla, recibieron la unción para ir y llevar a cabo su propósito.

Cuando Dios se está alistando para utilizarnos, ya sea a pequeña o a grande escala, *habrá un poco de preparación*. La palabra *preparar* significa "colocar en la condición o disposición apropiada".[2] Cuando Dios nos llama a realizar una obra para Él, tenemos que comunicarle a nuestra carne: "Algo está por suceder". Luego, nuestro espíritu tiene que estar de acuerdo en que *este es nuestro momento, nuestro turno, nuestra temporada para ser ungidos para lo que Dios nos ha preparado en este planeta.*

Es posible que se sienta como la persona más insignificante que hay, pero usted tiene que cambiar su mente respecto de sí mismo: a propósito. La transformación comienza, primero que nada, en nuestros pensamientos, exactamente como sucedió con Gedeón. Es por ello que Dios le declaró a Gedeón: "Varón esforzado y valiente", mientras estaba sacudiendo trigo en el lagar para esconderlo de los madianitas (Jueces 6:11-12). Es por ello que mientras me encontraba insistiendo en la Palabra, antes de subir al escenario en Lagos, Nigeria, el Espíritu Santo me trajo este libro a la mente, para que declarara: "¡Yo tengo la unción!", y llevara a cabo lo que Él me había llamado a hacer en ese lugar.

Debe haber una metamorfosis que transforme el pensamiento de la oruga hacia el siguiente nivel: a la unción de una mariposa, o mejor aún, de un águila. Este tipo de transformación solamente se encuentra en la unción de Dios y al permitirle al Espíritu Santo que nos cambie desde adentro, mientras hacemos lo que Dios nos dice que hagamos.

El Dr. Martin Luther King Jr., una vez contó la historia de que abordaba un autobús por la ciudad todos los días para asistir a la escuela. En aquellos días, los negros debían sentarse en la parte trasera del autobús, mientras que los blancos se sentaban adelante. Incluso si no había blancos en el autobús, los negros no podían sentarse al frente. Si todos los asientos "negros" estaban ocupados, los pasajeros debían permanecer de pie frente a los asientos reservados para blancos.

"Yo terminaba yendo hacia la parte trasera del autobús con mi cuerpo—decía el Dr. King—, pero cada vez que subía al autobús, dejaba mi mente en el asiento delantero. Y me decía: 'Uno de estos días, voy a colocar mi cuerpo donde está mi mente'".[3] ¡Dios lo ungió para eso! Y el mundo sabe que el Dr. King hizo muchas obras poderosas para Dios. Cual es el pensamiento del hombre en su corazón, tal es él (Proverbios 23:7).

¿Para qué lo ha ungido Dios?

Ahora, ¿qué hay de usted? ¿Está preparado para obedecer a Dios y comenzar (o continuar) moviéndose en su propósito, sin importar cuan abrumador perezca? Si usted está listo para decirle sí a Dios, es tiempo de que adquiera una nueva mentalidad. La Palabra de Dios dice: "No os conforméis a este siglo, sino transformaos por medio de la renovación de vuestro entendimiento" (Romanos 12:2). Pablo continúa en el mismo versículo: "Entonces aprenderán a conocer la voluntad de Dios para ustedes, la cual es buena, agradable y perfecta" (NTV).

Me encanta la manera en que la versión *The Message* en inglés traduce Romanos 12:1-2:

> Entonces, esto es lo que deseo que hagan, con la ayuda de Dios: Tomen su vida diaria y ordinaria—su dormir, comer, trabajar y caminar por la vida—y pónganla ante Dios como ofrenda... No se acomoden tanto a, su cultura, que encajen en ella sin siquiera pensarlo. En cambio, fijen su atención en Dios. Ustedes serán cambiados desde adentro. Reconozcan fácilmente lo que Él desea de ustedes y respondan a ello rápidamente. A diferencia de la cultura que los rodea, siempre arrastrándolos a su nivel de inmadurez, Dios saca lo mejor de ustedes, desarrolla una madurez bien formada en ustedes. (Traducido de la versión *The Message,* en inglés).

¿Qué es aquello para lo que Dios lo ha llamado y ungido? ¿Qué cosas específicas está esperando de usted mientras responde a su llamado de ir y hacer discípulos? No ajuste su vida y su ministerio a las limitaciones de la cultura del mundo que lo rodea. Dios lo ha llamado a creer en Él y a sobresalir para marcar una diferencia en este mundo al abrazar su llamado. Lea conmigo las palabras de Amanda Fisher, una dinámica joven evangelista y ministra de la reconciliación. Mientras lee, oro que el Señor le revele o confirme la unción que Él ha puesto en su vida.

> La unción nos aparta para una tarea específica. Es lo que Dios ha colocado sobre usted y dentro de usted, y debe ser protegido por su manera de vivir. Es un flujo continuo que no se acaba, no puede agotarse. La unción va más allá de lo que el hombre puede llevar a cabo y desvía al maligno.
>
> Dios siempre le ha dado importancia a la unción. En

> Éxodo vemos que para ministrar a Dios, los sacerdotes tenían que ser ungidos. Cuando Jesús estuvo en la Tierra, una mujer lo ungió por amor para su entierro. Los discípulos fueron ungidos cuando Cristo los transformó a su semejanza, y nosotros, como hijos e hijas de Dios, como Jesús, estamos ungidos "para predicar las buenas nuevas (el evangelio) a los pobres". Él nos ha enviado "a pregonar libertad a los cautivos, y vista a los ciegos; a poner en libertad a los oprimidos..." (Lucas 4:18). Somos enviados para proclamar el año agradable del Señor.
>
> Existe una fuerte conexión entre la unción y ser llenos del poder del Espíritu Santo. Tal como en el Antiguo Testamento Dios ungió a los sacerdotes con el fin de apartarlos para el ministerio para sí mismo, Él unge a su pueblo en la actualidad y le da poder a través del Espíritu Santo. Una definición de *unción* en el original griego es: "Dotar a los cristianos de los dones del Espíritu Santo". La unción es la comisión directa que se lleva a cabo por el poder explosivo del Espíritu Santo. Al permanecer sensibles a la obra del Espíritu Santo en nuestra vida, podemos crecer y operar en la unción específica de nuestra vida. No debemos abandonar la necesidad del poder del Espíritu Santo para operar activamente en nosotros. Es este poder el que nos permite resistir al enemigo y llevar a cabo nuestro llamado ungido.[4]

¡Amén! Así es como Gedeón se levantó y se convirtió en un libertador de Israel: a través de la poderosa unción de Dios. A los ojos del Señor, la unción es un recurso invaluable en nuestra vida. Sin ella, no podemos hacer nada con valor eterno. Pero recuerde lo que dijo Jesús: "...para Dios todo es posible" (Mateo 19:26). Usted puede levantarse, entrar en Dios y en su flujo inagotable de unción, y cumplir lo que Él lo ha llamado a hacer en esta vida. ¡Usted está ungido para la victoria!

Ahora, posiblemente esté diciendo: "Judy, ¿cómo te fue en Lagos, Nigeria?". Bien, permítame decirle que el poder de Dios fue tan fuerte y la unción fluyó tan ricamente que la gente estuvo adorando y alabando a Dios de pie, prácticamente todo el tiempo. Su presencia marcó toda la diferencia, ya que más de 600 000 personas estuvieron gritando, saltando, bramando, lanzando chiflidos y aplaudiendo ante Él. Algunos solamente estaban levantando las manos en adoración y alabanza a Dios el Padre; pero le digo esto sin dudar: su voluntad y su propósito se llevaron a cabo ese día.

¡DECLARE Y ABRACE LA UNCIÓN!

Ahora mismo, mientras considera su llamado y continúa estudiando detenidamente este libro y la revelación que sé que está recibiendo, comience a hacer las siguientes declaraciones sobre su vida. De hecho, marque está página y declárelas en voz alta todos los días si puede, para establecer su lugar en la unción y en el Reino de Dios. Ore esto conmigo en voz alta:

> *Dios todopoderoso, coloca las siguientes unciones sobre mí, y permite que fluyan sin contaminarse y sin barreras en mi vida:*

- *La unción de Salomón para la administración de recursos, sabiduría, riqueza, éxito y prosperidad.*
- *La unción de Isaac para estrategias de inversión.*
- *La unción de Ciro para la perspicacia financiera.*
- *La unción de Samuel para la sensibilidad y obediencia a la voz del Señor.*
- *La unción de Ester para el favor divino y estrategias del Reino.*

- *La unción de Daniel para el gobierno, la excelencia y la autoridad.*
- *La unción de José para las estrategias de liderazgo en la política, los negocios y la economía.*
- *La unción de Josué para estrategias en la guerra, la prosperidad y el éxito.*
- *La unción de Abraham para innovar en nuevos territorios, adquisiciones inmobiliarias y bendiciones de pacto intergeneracional.*
- *La unción de Moisés como pionero y líder.*
- *La unción de Nehemías como renovador y restaurador.*
- *La unción de Esdras como un auténtico adorador del Dios vivo y verdadero.*
- *La unción de Débora para el equilibrio.*
- *La unción de David para la adoración y la alabanza.*
- *La unción de Pablo para una revelación apostólica de vanguardia.*
- *La unción de Elías para revelación y exactitud proféticas.*
- *La unción de Eliseo para el servicio, la sucesión ministerial y la doble porción de poder y autoridad jurisdiccionales.*
- *La unción de Isacar para el discernimiento de los tiempos y sazones correctos.*
- *La unción de Abigail para la hospitalidad y la prudencia.*
- *La unción de Ana para la intercesión.*
- *La unción de Cristo para la oración profética, la guerra espiritual, señales, maravillas, milagros y una vida con propósito.*

- *La unción de Uzías para el avance tecnológico.*
- *La unción de los discípulos para aprender.*
- *La unción de Jabes para el crecimiento territorial e intelectual.*
- *La unción de Eva para fertilidad y dominio.*

Señor, haz que estas unciones apostólicas y proféticas converjan, exploten y sean manifestadas en mi vida con exactitud, autenticidad, claridad y elegancia. En el nombre de Jesús, amén.[5]

HÁGASE CONMIGO . . .

Probablemente haya comenzado el ejercicio final de este capítulo, haciendo declaraciones llenas de fe a Dios, de acuerdo con su Palabra acerca de la unción en su vida. *Ahora le pregunto de nuevo: ¿Para qué lo ha ungido Dios específicamente al responder a su llamado de ir?* ¿Está usted enfrentando una prueba que parece ser más grande de lo que posiblemente puede manejar? Ampliemos el ejercicio que hizo al final del capítulo 1.

Tome algunos momentos y considere en oración las siguientes preguntas: ¿Tiene usted claro lo que Dios lo está llamado a hacer? ¿Hay un fluir milagroso de unción al seguirlo? ¿Está listo para creerle a Dios por lo imposible e ir al siguiente nivel de su llamado? Lo desafío a confiar en Dios y verse como el guerrero poderoso que Él lo ha llamado a ser. Luego, por el poder del Espíritu Santo, haga todo lo que Dios requiera que haga y declare la victoria...porque *¡usted tiene la unción!*

cuatro

LA UNCIÓN DE LA VERDADERA ADORACIÓN

Mas la hora viene, y ahora es, cuando los verdaderos adoradores adorarán al Padre en espíritu y en verdad; porque también el Padre tales adoradores busca que le adoren. Dios es Espíritu; y los que le adoran, en espíritu y en verdad es necesario que adoren.

—JUAN 4:23-24

¿CÓMO PERMANECEMOS EN la atmósfera de la unción? ¿Cómo mantenemos nuestro corazón dirigido hacia Dios, preparados para llevar a cabo lo que Él desea que hagamos? Romanos 12:1 viene a la mente: "Tomen su vida diaria y ordinaria—su dormir, comer, trabajar y caminar por la vida—y pónganla ante Dios como ofrenda" (Traducción de la versión The Message en inglés).

Ahora le diré algo que lo sorprenderá. La gente de todo el mundo me conoce por mi música: las canciones, las letras y la unción que fluye a través de mí cuando ministro, ¡y yo lo valoro mucho! Pero la música no es mi pasión. ¡La adoración es mi pasión! La adoración es *quien yo soy* y *lo que hago*. De hecho, creo que mi música solo es lo que rebosa de mi adoración. No puedo imaginar mi vida sin la habilidad y el privilegio de magnificar y glorificar a Dios.

Esa es solamente una de las razones por las que me siento

tan bendecida de haber nacido en esta nación que llamamos Estados Unidos de América. Nuestra constitución permite la libertad de adoración, como lo afirmaron enfáticamente los padres fundadores de esta nación. La Constitución de los EE. UU. afirma en la primera Enmienda: "El Congreso no hará ley alguna con respecto a la adopción de una religión o prohibiendo el libre ejercicio de dichas actividades".[1]

Esta libertad me permite no solamente a mí, sino a todo aquel que nazca en los Estados Unidos o inmigre de otro país, el derecho de reunirse y adorar a quien o a lo que desee. Tenemos el derecho de adoptar cualquier sistema de creencias que elijamos. Esa es verdadera libertad. Mi corazón todavía se duele y anhela que la gente de todas las naciones elija adorar al verdadero Dios viviente. El Señor Jesucristo es la respuesta a todas las enfermedades de este mundo.

Fuimos creados para adorar a Dios

Me encanta adorar. A muy temprana edad me enseñaron a darle a Dios toda mi adoración. Yo veía a mi mamá adorar en todo tipo de escenario; su vida era consumida por dos cosas: los niños y la adoración. Al ser la más pequeña de doce hermanos, yo conocía el precio de su aceite. La adoración era todo para ella. Ella sabía que adorar a Dios la ayudaría a atravesar cualquier cosa que viniera en el camino. Mi padre, un granjero muy robusto y trabajador, se levantaba cada mañana a alrededor de las cinco de la mañana, antes de que comenzara su día, para pasar tiempo con Dios en oración y adoración. Yo vi a mis hermanos pasar tiempo regularmente con Dios, especialmente a mis hermanas. De chicos nada era más importante en nuestra casa que servir y adorar a Dios.

Al venir de una cultura de oración, alabanza y adoración, para mí resultaba natural, como la menor de doce hermanos, ser influida grandemente por un estilo de vida de devoción a Dios. Él era todo lo que teníamos y todo lo que necesitábamos.

Ahora, como madre de dos adolescentes, es imperativo para mi esposo y para mí que les inculquemos a nuestras hijas la importancia de adorar a Dios. Jamie y yo lo hacemos regularmente, porque deseamos que ellas comprendan que la oración, la alabanza y la adoración marcan una diferencia para ganar o perder las batallas de la vida, o vivir en derrota.

Cuando despierto por la mañana, justo antes de salir de la cama, intento hacer una pausa y agradecerle a Dios por la increíble oportunidad de despertar...y entonces adoro. David dijo: "Desde el nacimiento del sol hasta donde se pone, sea alabado el nombre de Jehová" (Salmos 113:3). David conocía la importancia de mantener la alabanza y la adoración en sus labios. Todas las cosas que enfrentó le dieron la habilidad de aprender que la victoria solo venía al rendirse a una vida de adoración.

Cuando el joven David escribía canciones y atendía las ovejas de su padre, él adoraba (ver Salmos 8; 19). Cuando tuvo que enfrentarse con el león y el oso para proteger a las ovejas, puedo imaginar a David levantando la vista hacia el cielo y pidiéndole ayuda a Dios, y luego adorando después de cada episodio. Cuando estaba siendo perseguido por Saúl, David encontró consuelo alabando al Dios todopoderoso y escribiéndole salmos (ver Salmos 57; 59). Muchos años después, cuando Betsabé y él perdieron a su primer hijo, él adoró (2 Samuel 12:15-20). Cuando David le falló a Dios miserablemente, él adoró (ver Salmos 51). Una y otra vez, sin importar lo que estuviera enfrentando, David siempre regresaba al altar de oración y adoración.

Como David, nosotros también debemos aprender a adorar y bendecir "a Jehová en todo tiempo" (Salmos 34:1). ¡Su adoración debe llenar nuestra boca *continuamente*! Cuando despierto en la mañana y pienso en la alternativa de despertar, me encanta adorar a Dios. Así que cuando cierro los ojos y continúo respirando, adoro. Cuando se trata de recordar que mis pies continúan trabajando, mis brazos continúan funcionando y mis piernas continúan caminando, adoro. Cuando recuerdo que todavía puedo hablar, bostezar y ver la hermosa luz del sol afuera, adoro al Señor.

Le agradezco a Dios que vivo en una linda casa tibia durante los meses fríos y en una casa fresca en los meses cálidos. Cuando bajo las escaleras y puedo elegir qué desayunar, continúo adorándolo. Cuando llego a la tina con agua caliente, lo adoro. Le agradezco a Dios por tener un *baño*, porque solía tener una *letrina* (es decir, un baño exterior), y lo adoro.

Cuando abrazo a mi esposo y le susurro: "Buenos días", adoro en mi corazón, porque recuerdo que cuando tenía treinta años ni siquiera tenía un novio con el cual salir, mucho menos un esposo. Así que le agradezco al Señor cada día por este Booz divino que él ha enviado a mi vida...y lo adoro. Cada vez que las llantas de un avión aterrizan sin peligro, adoro a Dios. Cuando regreso luego de largos viajes en aviones, trenes y coches de todo el mundo, nos reunimos de nuevo como familia y todos están bien y a salvo, adoro.

¡Bendeciré al Señor en todo tiempo, su alabanza estará continuamente en mi boca! Cuando escucho lo que ahora son "pies grandes" (en lugar de ser esos pequeños pies chiquititos) que bajan las escaleras, adoro a Dios, porque recuerdo una vez que el médico dijo que yo no podía tener hijos. Y ahora, ¡mire a Dios! ¡Tenemos *dos* hijas! ¡Entonces adoro!

¿Alguna vez ha pensado acerca de cuáles son las consecuencias según Jesús si no adoramos? Cuando los fariseos le dijeron a Jesús que reprendiera a sus discípulos por levantar alabanzas a Dios, Él respondió: "Os digo que si ellos callaran, las piedras clamarían" (Lucas 19:40).

Todo lo que Dios hizo en el principio fue creado para adorar: los árboles que llegan hasta el cielo, el viento y las olas que se agitan, la luna cuando brilla, el sol cuando cae sobre nuestras cejas, las flores que sueltan aromas hermosos, los tiburones gigantes en el mar, los delfines cuando cantan, chillan y bailan en el agua: todo lo que Dios creó lo adora a Él. Pero nada lo conmueve como nuestra adoración. Es por ello que David pudo declarar en Salmos 150:6: "Todo lo que respira alabe a JAH. Aleluya".

La adoración, nuestro culto racional

Cuando ponemos los momentos de nuestra vida delante de Dios como una continua ofrenda, le estamos dando la verdadera adoración que desea. Algunas veces tenemos que adorar al Señor dándole un "sacrificio de alabanza" (Hebreos 13:15). En algún momento de nuestro caminar cristiano todos tenemos que calcular el precio de vivir nuestra fe.

Mientras viva, nunca olvidaré ser testigo de un sacrificio de alabanza. Yo era parte del programa de Mike y Deann Barber, "Weekend of Excitement" [Un fin de semana de emoción], el cual presentaba a ochocientas mujeres y setecientos hombres en el mismo fin de semana. Estos hombres y mujeres estaban en prisiones de máxima seguridad y habían encontrado a Jesús durante algunos de los momentos más desesperantes de su vida. Durante esos fines de semana muchos de ellos son visitados en sus celdas e invitados a servicios vespertinos de avivamiento. El ministerio de las prisiones continúa siendo una de las cosas más emocionantes que me encanta hacer.

Cuando me encontraba sentada en el auditorio, leyendo la Palabra y repasando mis notas, de pronto escuché una conmoción que venía de los jardines de la prisión. Un disco compacto de Kirk Franklin ya estaba sonando tan fuerte como era posible, y llegaron todos esos hombres y mujeres caminando en una sola fila...y algunos ya estaban en sintonía con la música de Kirk. Ellos llegaron contoneándose, cantando, meciéndose, bailando y a ritmo con la música. Obviamente estaban contentos de tener la oportunidad de venir al servicio, a la "casa de Dios" y salir de sus celdas.

Es realmente una linda imagen verlos en sus trajes blancos:

jóvenes, viejos y de mediana edad; negros, blancos, latinos y asiáticos. Todo tipo de hombres y mujeres estaban ahí. Todo el tiempo me estuve haciendo la pregunta en mi mente: "¿Por qué razón están estas mujeres aquí? Lucen tan normales, tan inocentes, tan tímidas y aparentemente inofensivas". No obstante, había una razón específica por la que cada una de esas mujeres estaba ahí. Durante un breve momento se olvidaron de sí mismas; posiblemente alguien les hizo algo a sus hijos, a ellas, o a alguien que amaban, ¡y en ese instante perdieron el control e hicieron lo impensable! Yo no conozco todas sus historias, pero ciertamente fue interesante ver a muchas llegar para obtener una palabra del Señor, una canción o posiblemente solo un cambio de ambiente.

A medida que entraban las mujeres, ya habían recibido la instrucción de ir a una fila designada de sillas, y nadie tenía permiso de sentarse hasta que todas las sillas estuvieran ocupadas. Luego, todas se sentaron a una vez en esa fila en particular. Así sucedió hasta que entró la última persona y se llenó todo el lugar. Había un detalle con las reglas cuando ellas entraron y se sentaron: una vez sentadas, ellas no podían por ninguna razón levantarse de nuevo hasta que llegara el momento de formarse en fila india y marcharse. Si una reclusa se levantaba de su asiento, se arriesgaba a la posibilidad de ser sacada del lugar y enviada a confinamiento solitario por romper las reglas. De manera que al entrar en el auditorio, ellas ya sabían las reglas y las consecuencias de romperlas.

Una de las cosas que me emocionó fue verlas adorar. Recuerdo verlas mientras la alabanza y la adoración comenzaban a incrementar en el auditorio. Ya que no podían levantarse de su asiento y ponerse de pie, simplemente se movían en su asiento: bailando, aplaudiendo, moviendo sus piernas, pies y la parte trasera de sus (mmm) asientos. Es un verdadero espectáculo ver a gente tan apasionada por la adoración. Ellas encuentran la forma de adorar a Dios con todo su ser de alguna manera.

La atmósfera estaba cargada de la presencia de Dios esa noche. Cuando me levanté para ministrar la Palabra, esas mujeres definitivamente estaban tirando de mi unción. A medida que surgía la Palabra, había una mujer en particular que realmente la entendió. Me refiero a que la entendió tanto que llegó un momento en que calculó el precio. Era como si hubiera decidido: "Esta es mi Palabra. Ya no voy a permanecer en mi asiento; ¡*Tengo que* adorarlo!". De pronto, se levantó de su asiento y comenzó a danzar ante el Señor, gritando, dando voces y alabando a Dios con todo su ser.

En ese momento llegaron dos guardias de seguridad, ambos ya entrados en años. Honestamente no creo que ninguno de ellos hubiera estado cerca de alguien que estaba teniendo un "ataque del Espíritu Santo" antes; así que, primero que nada, ellos intentaron atrapar a esta mujer, asirla y tranquilizarla. (Pensándolo ahora, en realidad fue muy gracioso, ¡pero en ese momento fue *glorioso* y un poco inquietante!). Pudimos asegurarnos de que ninguna de las prisioneras se levantaran de sus asientos (ni siquiera con toda la alabanza), pero mientras la sacaban, ella continuaba sacudiéndose y gritando, pateando y gimiendo, riendo y adorando, todo al mismo tiempo. No puedo decirle lo que sucedió después de eso. Todo lo que sé es que *esa mujer obtuvo una palabra del Señor*, ella tuvo que *moverse* con esa Palabra y le dio a Dios un sacrificio de alabanza.

Cuando miro en retrospectiva ese incidente, pienso en algunas de las iglesias donde he ministrado. Algunas veces es extremadamente difícil hacer que alguien levante las manos, mucho menos que se levante y le dé un grito de alabanza a Dios. Me pregunto cómo sería si ese tipo de limitación estuviera en nuestras iglesias.

¿Qué tanto les gustaría a los creyentes chinos que se reúnen en casas aplaudir tan fuerte como quisieran, cantar tan fuerte como desearan, hablar con Dios tan fuerte como quisieran y (qué tal esta) reunirse tan frecuentemente como desearán, el tiempo que desearan? Considere la ventana 10/40: la parte del mundo que tiene el mayor número de personas, donde la gente es menos evangelizada y los cristianos son más perseguidos.

Algunas veces Dios nos probará para ver si estamos dispuestos a movernos cuando Él se mueve. Algunas veces Él probará nuestra determinación por lo que Él tiene para nosotros, porque no podemos dictarle al Espíritu Santo cómo va a liberarnos y llevarnos por una situación. Solamente tenemos que confiar en Él y caminar en obediencia. Y cuando lo hagamos, Dios honrará nuestro acto de adoración.

ESTABLEZCA UNA ATMÓSFERA DE ADORACIÓN

Recientemente, durante un viaje a Washington, D.C., para tener tiempo para escribir y encontrarnos con algunos amigos, decidí recorrer la ciudad un poco. Uno de los primeros lugares que visitamos fue Monte Vernon, el hogar del primer presidente de Estados Unidos, George Washington. Esta no era la primera vez que visitaba Monte Vernon, pero era la primera vez para algunos de nuestros amigos. Yo había visto la asombrosa y pintoresca finca familiar localizada cerca de Alejandría, Virginia. La finca se construyó en el siglo XVIII, con un estilo arquitectónico Georgiano clásico, y la propiedad se encuentra a las orillas del río Potomac, frente al Condado Prince George, en Maryland.[2]

Había una vista absolutamente asombrosa desde todos los ángulos de la casa. Quedé asombrada con cada habitación. Ya que fuimos en diciembre, habíamos tenido una gran sorpresa; ese es el mes en que abren el tercer piso para que los visitantes vean el piso familiar privado donde los Washington vivieron alguna vez. De nuevo, todo esto solo se ve una vez al año, de manera que nos sentimos especialmente privilegiados de poder ver esta parte de Monte Vernon.

Al entrar en cada habitación de la mansión, nos recibió un intérprete histórico. Ellos estaban ahí para ofrecer detalles específicos acerca de la "personalidad" de la habitación, de manera que pudiéramos verla como se utilizó hace doscientos años. Mi parte favorita de la mansión fue el piso privado y el área de la estancia de los Washington. Vimos los blancos, el hermoso edredón color crema, el escritorio, las sillas, el cuenco para lavarse las manos y la chimenea única. Además pudimos ver la habitación a la que se mudó la señora Washington cuando murió el presidente Washington. Todo lo que había allí representaba el estilo de vida de élite del primer presidente y su familia durante el siglo dieciocho. Cada habitación contaba en voz alta su propia historia; de hecho, muy en alto.

Así es como debe ser nuestra casa. Cada habitación debe hablar de la unción de Dios. Debe haber un tipo de representación de la fragancia y la impartición de la unción dejada en cada habitación—nuestro lugar secreto donde nos encontramos con el Señor cada día para disfrutar de la dulce comunión—; nuestra cocina, donde hemos visto a Dios proveer pan y agua; nuestro baño, donde hemos podido limpiarnos de la inmundicia de este mundo y salir sintiéndonos frescos y renovados en el Espíritu. Podría continuar, pero creo que ya sabe a dónde me dirijo.

Crear una atmósfera para la unción es tan importante en nuestra propia vida, en la vida de nuestros familiares y en nuestro caminar diario con el Señor. Recuerdo cuando era niña y luego en la adolescencia, ver a mi mamá dejar una atmósfera para la unción adondequiera que iba. Ella era una gran adoradora que, de ser necesario, creaba una atmósfera para que obrara el Espíritu Santo. Hubo muchas veces en la tienda de abarrotes en que la gente, particularmente las mujeres, se le acercaban y le pedían oración por su esposo, su familia y su cuerpo.

Cual fuera el caso, había veces en que ella intentaba

encontrar un lugar apartado para orar; pero con frecuencia, no se avergonzaba de levantar alabanza y oraciones a su Dios, justo ahí donde se encontrara. Ahí mismo comenzaba a exaltar al Señor y hablarles fe, declarando lo que la Palabra decía acerca de ellas y de su vida. Eso es lo que llamo verdadera adoración. Ella ministraba a las mujeres acerca de su matrimonio y familia, y luego, sin dudar, ella levantaba su voz y comenzaba a orar, entrando así en la atmósfera de lo que ella sabía en el espíritu que era el tiempo y el lugar correctos.

Algunas veces no podemos esperar la atmósfera "perfecta"; tenemos que movernos cuando Dios diga que nos movamos o cuando sintamos una "unción" del Espíritu Santo para movernos (hablaremos de ello en un capítulo posterior). Recuerdo que cuando era niña veía a mi mamá en la granja. Ya estuviera colgando ropa en el tendedero, ya trabajando en el jardín o ya preparando comida en la cocina para nuestra familia, cuando el Espíritu de Dios la tocaba, ella dejaba de hacer lo que estuviera haciendo y se movía hacia lo que el Espíritu la estaba llevando a hacer. Más de una vez vi a mi papá venir de los campos y tener que esperar para comer, simplemente porque mamá había estado con Jesús. Ambos eran verdaderos adoradores. ¡Así eran las cosas!

Jesús responde a una atmósfera que está cargada de adoración, y Él no dudará en cambiar una atmósfera que no la tenga. Por ejemplo, cuando Jesús entró en el templo como El Ungido en Marcos 11:15-17, creó una atmósfera nueva (recuerde que cuando la unción entra en las tinieblas, expone y destruye todo lo que no está ungido). Cuando volcó las mesas de los cambistas, Él estaba cambiando la atmósfera. Él estaba creando una atmósfera de adoración cuando dijo enfáticamente: "Mi casa es casa de oración; mas vosotros la habéis hecho cueva de ladrones" (Lucas 19:46). Así, Jesús cambió la atmósfera en el templo del *comercio*, de vuelta al *ministerio*. La Palabra declara: "El yugo se pudrirá a causa de la unción" (Isaías 10:27).

El poder de la adoración y la alabanza

Como hemos visto, alabar a Dios con cantos también puede crear una atmósfera para la unción. La música ha sido usada por las empresas de publicidad para crear ciertos estados de ánimo, los cuales atizan el hambre por sus productos. De igual manera, los productores de cine utilizan música para crear emociones especiales en escenas específicas durante una película. Así es, como humanos respondemos a una atmósfera.

Si usted desea que su casa esté ungida, entonces debe cambiar la atmósfera. De hecho, la música puede crear una atmósfera de adoración. Ponga música de alabanza en lugar de mirar las telenovelas. Ore y cante en voz alta en su casa, en lugar de jugar videojuegos (los cuales, por cierto, usualmente están llenos de violencia). La alabanza puede ser un "antibiótico" que purifica la atmósfera y destruye las bacterias del temor, la duda, depresión, desesperación e incluso la muerte. Entonces, la atmósfera purificada es propicia para que fluya la unción.

Durante los últimos días el clima ha estado muy húmedo. La temperatura ha estado bastante cálida para ser invierno, lo cual produjo varias mañanas de niebla espesa, debido a la alta humedad y la falta de viento. Sin embargo, un fuerte viento puede llevarse la niebla, hacer bajar la temperatura y aclarar el cielo como nada más puede hacerlo. De forma similar, un solo aliento de Dios puede aclarar nuestra "niebla" y traer cielos despejados y aire puro, lo cual a su vez puede permitir que la unción fluya libremente otra vez en nuestra vida.

Jack Hayford dice cosas interesantes acerca de cómo la alabanza puede cambiar la atmósfera. En su libro *La oración invade lo imposible*, declara: "La alabanza no está destinada a lisonjear a Dios. Algunas personas han confesado con bastante franqueza [...] que la alabanza parece ser un esfuerzo para conseguir con lisonjas el favor de Dios por medio de tranquilizar o masajear su ego divino... [Pero] es un instrumento de violencia. La adoración altera el clima que impulsa el crecimiento de gran parte del sufrimiento, la confusión, la agitación y la lucha de la vida. La alabanza destruye la atmósfera en que florecen la enfermedad, la derrota, el desánimo y la futilidad. La alabanza provoca un incendio forestal en el infierno. La alabanza inspira la vida del cielo hacia el vacío que la muerte produce en la Tierra".[3]

Me encanta que mi familia política (o, diría, mi *familia amada*, porque los amo demasiado) venga a visitarnos a nuestra casa tanto como sea posible. Cuando mi suegra entra, ella siempre dice lo mismo: "Me encanta venir a tu casa. Hay tanta paz aquí y un espíritu tan suave de Dios". Me fascina escucharlo, porque yo deseo que Él (y el Espíritu Santo) siempre sea el invitado especial en nuestra casa y que nunca, nunca se marche.

La gente me pregunta a menudo, especialmente cuando estoy de viaje: "¿Qué pasa con mi casa?". Sus hijos siempre están peleando, los padres se critican entre sí y la familia discute sin parar por algo. Inmediatamente pregunto qué tipo de atmósfera se crea y se sostiene en sus hogares. La oración, la alabanza y la acción de gracias pueden cambiar una atmósfera negativa en un espacio positivo que de inmediato cobra vida con el Espíritu y la unción de Dios.

Si usted desea que el Espíritu Santo se sienta como en casa en su hogar, usted tiene que crear una atmósfera que sea propicia para Él. Él no permanecerá ahí si no se siente cómodo. Así que si desea que Él esté en su casa constantemente, toque música de alabanza o incluso cántela usted mismo. Háblele pacíficamente a su cónyuge, a sus hijos…e incluso a usted mismo. Proclame bendiciones sobre su familia cuando entran por la puerta y vea con sus propios ojos cómo la unción entra rápidamente. Usted tiene la unción para la adoración. Establezca el tono de la unción en su hogar.

Las habitaciones de nuestras hijas están conectadas de cierta manera. Un día, entré a cada una de las habitaciones para orar por ellas después de que se habían ido a la escuela. Cuando me recosté en la cama de Kaylee, sentí muy fuertemente la unción. Cuando se lo mencioné más tarde, ella me contó lo que había sucedido la noche anterior. Ella me dijo: "Mamá, después de orar juntos y despedirnos, tuve un tiempo de intimidad en la Palabra y en oración y adoración que duró un par de horas". Le dije lo que me sucedió después de que ella se marchó a la escuela y antes de que el día terminara, ella no solamente lo había experimentado de nuevo, sino que también su hermana y sus amigas se encontraron en el suelo llorando ante el Señor, disfrutando de la presencia de Dios. Esa atmósfera continuó al día siguiente, e incluso en la noche. ¡Eso es poderoso!

Nuestro estilo de vida de adoración

Nuestras oraciones y nuestra alabanza son poderosamente efectivas, porque reflejan un estilo de vida de adoración. Me encanta verlo de esta manera:

- La *adoración* está relacionada con *quien es Él*, sabiendo que Él es *Señor.*
- La *alabanza* está relacionada con *lo que Él es*, sabiendo que Él es *digno.*
- La *oración* está relacionada con *lo que Él puede hacer*, sabiendo que Él está *dispuesto* y es *capaz* de hacer "todas las cosas mucho más abundantemente de lo que pedimos o entendemos, *según el poder* [unción, *dunamis*[4]] que actúa en nosotros" (Efesios 3:20, énfasis añadido).

Cuando la adoración es *quienes somos* y *lo que hacemos*, cuando es nuestro estilo de vida, tenemos la habilidad de cambiar la atmósfera que nos rodea y ser una influencia para bien en cualquier situación. ¿Por qué? El poder dinámico de Dios, su unción, va a obrar en maneras que nunca habríamos imaginado.

Esto me recuerda Marcos 16:15-18. Jesús dijo: "Id por todo

el mundo y predicad el evangelio a toda criatura [...] Y estas señales seguirán a los que creen: En mi nombre echarán fuera demonios; hablarán nuevas lenguas; tomarán en las manos serpientes, y si bebieren cosa mortífera, no les hará daño; sobre los enfermos pondrán sus manos, y sanarán".

En otras palabras, por el poder del Espíritu Santo podemos hacernos cargo de la atmósfera que nos rodea, inyectando una unción dinámica y positiva a las situaciones negativas. Podemos traer luz a la oscuridad, declarar sanidad para desplazar la enfermedad, declarar liberación para libertar a los cautivos, y sí, incluso hacer que las cosas muertas resuciten.

Recuerde, si no lo estamos *diciendo* (la Palabra y la voluntad de Dios), entonces no lo *veremos* (suceder su voluntad y propósitos). Declarar la Palabra es un acto de obediencia y adoración. Cuando nuestro corazón está bañado de adoración, podemos hablar paz, hablar vida y ver un cambio dinámico. Proverbios 25:11 dice: "Manzana de oro con figuras de plata es la palabra dicha como conviene". Las palabras habladas por el poder de la unción producen fruto que durará por la eternidad.

Esto me lleva de vuelta a David, quien se rindió a una vida de adoración. Él bendecía al Señor en todo tiempo. Ya fueran sus circunstancias buenas o malas, el corazón de David mantenía una postura de adoración a Dios. Esto resultó en una vida que proclamaba consistentemente la gloria de Dios. E incluso cuando David se quedaba corto de la gloria de Dios, rápidamente regresaba una y otra vez a Él, caminando en su vida como "un varón conforme a su corazón [el de Dios]" (1 Samuel 13:14, ÉNFASIS AÑADIDO).

Cuando pienso en la victoria del joven David sobre Goliat, recuerdo su declaración en Salmos 144:1: "Alaben al Señor, mi roca. Él entrena mis manos para la guerra y da destreza a mis dedos para la batalla" (NTV). ¡Este es un gran testimonio para Dios! Él utilizó las manos y los dedos de David para ganar esta batalla decisiva para toda la nación de Israel. Cuando Dios se movió sobre David por el poder de la unción, eligió cinco piedritas...y lanzando solo una de ellas, derrotó al gigante que había estado provocando una atmósfera que tenía el propósito de derrotar a Israel al declarar: "Hoy yo he desafiado al campamento de Israel" (1 Samuel 17:10).

Pero cuando David llegó a la escena de batalla y escuchó la confesión de Goliat con un corazón que adoraba continuamente a Dios, lo primero que dijo fue: "¿Qué harán al hombre que venciere a este filisteo, y quitare el oprobio de Israel? Porque ¿quién es este filisteo incircunciso, para que provoque a los escuadrones del Dios viviente?" (v. 26). David cambió la atmósfera al declarar la victoria de Israel y hablar muerte al enemigo. Y luego caminó en ella. Cuando cayó Goliat, David inmediatamente lo degolló. Ese enemigo no se levantaría de nuevo.

Mantenga la imagen en su mente, porque eso es lo que hacemos cuando colocamos nuestra vida diaria—nuestro dormir, comer, trabajar y caminar por la vida—ante Dios como una ofrenda. Cada momento que lo adoramos, sea en palabra, de hecho o con canto, degollamos al diablo. Y cuando aplaudimos, hacemos sonar nuestros pies, tocamos un instrumento, abrimos nuestra boca y cantamos alabanzas a Dios, cuidamos a alguien para que se recupere, dirigimos y administramos en el centro de trabajo o simplemente le damos a alguien un vaso de agua fría en su nombre, estamos utilizando nuestros dones para provocar un ataque supremo contra el maligno.

Lo que he aprendido es que *cuando tenemos la unción, la atmósfera de nuestro corazón nos califica para ser usados por Dios.* Filipenses 2:13 declara: "Pues Dios trabaja en ustedes y les da el deseo y el poder para que hagan lo que a él le agrada" (NTV). Dios está haciendo algo en nuestra vida constantemente. Algunas veces nos gusta, algunas otras no. Algunas veces es bueno, ¡otras es épico! Pero si vamos a ser usados por Dios, algunas veces Dios mismo crea la atmósfera para el crecimiento, la dependencia, la fortaleza y la unción. Yo no sé usted, pero esto me hace desear detenerme ahora y adorar a Dios con todo mi ser.

Dios el Padre está buscando verdaderos adoradores, y Él responde a nuestra adoración. Jesús le hizo una promesa a todo aquel que caminara en su vida como *pueblo conforme al corazón de Dios.* Él declaró:

> El que tiene mis mandamientos, y los guarda, ése es el que me ama; y el que me ama, será amado por mi Padre, y yo le amaré, y me manifestaré a él.
>
> —JUAN 14:21

La siguiente vez que necesite cambiar la atmósfera, recuerde que Dios lo ha creado para adorarlo. La verdadera adoración es parte de su ADN espiritual. Usted puede levantarse en su vida diaria, amando a Dios en todo lo que haga y establecer una atmósfera para que la unción progrese.

HÁGASE CONMIGO . . .

Parte de caminar con Dios día a día, preparados para obedecer su dirección hacia nuestro propósito, es vivir una vida de verdadera adoración. La adoración establece una atmósfera que nos permite caminar en la unción y la autoridad de Dios sobre el enemigo. Cuando adoramos a Dios y declaramos su Palabra, nos estamos colocando para hacer obras "mayores" que durarán la eternidad.

Confío en que usted está convencido de que puede fijar la atmósfera dondequiera que vaya, comenzando con su propio corazón y su hogar. Entonces permítame preguntarle lo siguiente: ¿Qué tan fructífero ha sido al establecer la atmósfera para la unción: (1) en su corazón, (2) en su hogar, (3) en su trabajo y ministerio y (4) adondequiera que va?

Considerando este capítulo, ¿qué necesita cambiar para caminar consistentemente en la unción de la verdadera adoración? Si no ha llevado un diario, ahora es tiempo de comenzar, porque un corazón de amor y adoración a Dios es fundamental para soltar su unción. Ahora, vaya con Dios, registre sus pensamientos y adórelo por ayudarle a hacer todo lo que se requiere... Porque Él nos da el deseo y el poder para hacer lo que le agrada. Lo diré otra vez: *¡usted tiene la unción!*

cinco

LA ORACIÓN UNGIDA

Me inclino ante tu santo templo mientras adoro; alabo tu nombre por tu amor inagotable y tu fidelidad, porque tus promesas están respaldadas por todo el honor de tu nombre. En cuanto oro, tú me respondes; me alientas al darme fuerza.

—SALMOS 138:2-3, NTV

NOSOTROS, COMO EL Cuerpo de Cristo, somos llamados a orar: colectiva e individualmente. Al obedecer su llamado y demostrar una verdadera adoración a Dios a través de nuestras oraciones, Él está listo, dispuesto y es capaz de hacerse real a nosotros. Oswald Chambers escribió: "El propósito de la oración es que nos conectemos con Dios, no con la respuesta".[1] ¡Amén! Porque 2 Corintios 1:20 dice: "Porque todas las promesas de Dios son *en él* Sí, y *en él* Amén, por medio de nosotros, para la gloria de Dios" (énfasis añadido).

Con esto en mente, Jesús dijo: "Y cuando ores…" (Mateo 6:5), "Cuando ayunéis…" (v. 16) y: "Cuando le des a alguien…" (v. 2, NTV). Estas tres afirmaciones "cuando" insinúan que Dios espera que hagamos estas cosas, de manera que son fundamentales en nuestro caminar con Él. Creo que al demostrar verdadera adoración y vivir nuestro caminar cristiano en pureza y completa devoción al Señor, podemos colocar una exigencia en nuestras oraciones. Podemos esperar que Dios responda cuando hacemos oraciones ungidas a Él en fe.

Es posible que haya escuchado del "síndrome de lucha-huida", una afección clínica que describe la respuesta natural del cuerpo a la presión o el peligro. Durante tiempos de presión en nuestra vida, especialmente cuando enfrentamos decisiones instantáneas, tenemos que determinar si vamos a levantarnos a luchar, o si vamos a correr con todo nuestro ser. Lamentablemente, ahí es donde muchos cristianos se encuentran muchas veces y, muy a menudo, hay más *huidas* que *luchas*. Ahora es el tiempo en que tenemos que estar firmes y determinados a no correr frente a la adversidad. ¡No! Nos pararemos, resueltos y firmes, en el hecho de que nuestro Dios, Jehová, es un Padre fiel que escucha y responde la oración.

La oración es una de las armas más poderosas que podemos utilizar para pelear contra nuestro enemigo. No obstante, muchos cristianos fracasan al utilizar esta arma altamente poderosa. Santiago 5:16 dice: "La oración eficaz del justo puede mucho". Posiblemente el diablo haya estado diciéndole que usted no es suficientemente justo. Bien, permítame asegurarle que si la sangre de Jesús ha sido aplicada a su vida, entonces Dios lo ve como *justificado*; es decir, "como si" nunca hubiera pecado.[2] Recuerde, Él arroja nuestros pecados al mar del olvido, para nunca traerlos en nuestra contra otra vez. Salmos 103:12 dice: "Cuanto está lejos el oriente del occidente, hizo alejar de nosotros nuestras rebeliones". Recuerde, mi amigo, ¡la sangre es suficiente!

Entonces, en esta búsqueda por saber que tenemos la unción, necesitamos establecer: *¡el diablo es un completo mentiroso descalificado y absolutamente incansable!* Usted es *todo* lo que Dios dice que es, y usted no es *nada* de lo que el diablo dice que es. Por la fe en el Señor Jesucristo y su obra terminada, usted puede acercarse confiadamente al trono de gracia de Dios en oración, sabiendo que encontrará misericordia y gracia para ayudarlo, y para cualquiera por quien esté orando en tiempos de necesidad (Hebreos 4:16) ¡Usted tiene la unción!

DIOS ESCUCHA LA ORACIÓN DE FE

Vale la pena mencionar que los miembros de nuestra familia, tanto en la iglesia como en casa, a menudo se recuerdan unos a otros *verlo* y *decirlo.* Amigo, si no lo estamos "viendo", probablemente se deba a que no lo estamos "diciendo". Debemos recordarnos a nosotros y a nuestros hijos continuamente lo que dice la Palabra acerca de nosotros. Eso mantiene viva la fe. En Deuteronomio 6:7, Dios le dijo al pueblo de Israel: "Repíteselos a tus hijos una y otra vez. Habla de ellos en tus conversaciones cuando estés en tu casa y cuando vayas por el camino, cuando te acuestes y cuando te levantes" (NTV).

Incluso antes de recordárnoslo unos a otros, por fe debemos recordarle a Dios lo que Él ha *dicho* en su Palabra, *diciéndoselo* en oración. Esto es declarar nuestra fe, ¡y Dios escucha la oración de fe! Robert Morgan escribe que el poder de la Palabra es:

> ...una fuerza con la que se debe contar, que contiene un poder intrínseco, suficientemente alto para dar revelación, suficientemente profundo para darnos paz, suficientemente ancho para moldear nuestra personalidad, y suficientemente fuerte para sostenernos en los días horrendos.[3]

¡Diga amén! Mientras escribo este capítulo, apenas puedo creer que estoy a punto de compartirle acerca de algunas personas especiales de mi vida: mis hijas. A través de los años al escribir libros y grabar música, he tenido oportunidades de dedicar estos momentos tan especiales, no solo a mis hijas, sino también a mi maravilloso esposo. Ahora, una vez más, me encuentro escribiendo acerca de estas fuertes mujeres de Dios, quienes alguna vez fueron dos pequeños seres en mi vida. Estoy siendo testigo de la fe que se avista en su vida... ¡alabado sea Dios! Kaylee y Erica son dos de las mujeres más ungidas que conozco. Como yo, ellas todavía tienen mucho camino que recorrer (sonrisas); sin embargo, están profundamente enamoradas de Jesús.

Me encanta escucharlas cantar, tocar sus instrumentos, afinarse mutuamente, predicar y enseñar; pero realmente me encanta escucharlas orar. Ellas son unas de las guerreras más poderosas de oración que jamás he escuchado. Desde luego, lo han estado haciendo durante un tiempo. Mi hija de trece años es una de las guerreras de oración más estratégica que he visto, especialmente para ser alguien que asiste a la secundaria. Kaylee, mi hija de dieciséis años, ha estado orando y profetizando desde que era pequeña. Todavía recuerdo una vez en que nos desafío siendo pequeña.

Ella debió haber tenido alrededor de cuatro años y su hermana aproximadamente uno. Yo estaba muy enferma de bronquitis. Había ido con el médico y estaba tomando medicamentos; fue un tiempo de prueba para mi esposo, porque él me estaba cuidando a mí y a las dos niñas. De alguna manera, todos terminamos en nuestra cama una noche, entonces Jamie les dijo a las chicas: "Vengan, chicas...oremos por mamá, y luego nos prepararemos para ir a la cama". Así que después de un largo día de cuidar a tres chicas, él comenzó a orar. Por consiguiente, él estaba agotado. Digamos que su oración esa noche no fue muy "ferviente".

Mientras Jamie estaba orando muy seriamente y una oración "apurada para llevar a las pequeñas a la cama y luego a mí", Kayle dijo abruptamente: "¡Detente! Espera un minuto, papi. No estás orando bien. Debemos levantarnos y comenzar a caminar y a orar *realmente fuerte y duro* para que mamá sea sanada". Ella se levantó de la cama y comenzó a dirigir la oración. Ahí estaba ella, y su papá siguiendo su dirección. Le digo algo, esa pequeña oraba duro, lo cual no le dejó otra opción a su papá más que seguir su dirección. La bebé Erica nos estaba mirando a todos con su pequeño biberón en la boca, mirándonos como diciendo: "Esta gente se ha vuelto loca".

Bien, ¿sabe usted qué sucedió? ¡El Espíritu del Señor me golpeó! Comencé a llorar, su papá estaba llorando y yo me levanté de la cama y comencé a alabar a Dios. Él me tocó y me sanó esa noche, y la mañana siguiente me levanté refrescada y liberada. *Si Dios lo dijo, sucederá,* y el vehículo que utilizamos para llamar su atención y llegar al lugar que deseamos es fe y oración. Cuídese, porque algunas veces Él utilizará "la boca de los niños y de los que maman [...] a causa de tus enemigos, para hacer callar al enemigo y al vengativo" (Salmos 8:2). ¡Alabado sea Dios!

No hace mucho tiempo, nos pidieron que fuéramos a Barranquilla, Colombia, para asistir a un poderoso congreso de mujeres. Teníamos servicios en un hermoso salón lleno de más de dos mil quinientas mujeres, quienes habían asistido para buscar el rostro de Dios y para creer por milagros. Una mujer en particular estaba disfrutando su tiempo ahí con algunas otras hermanas de su iglesia, cuando recibió una llamada de su hijo, diciéndole que su esposo estaba muy enfermo y que necesitaba regresar a casa para atenderlo. Ella estaba a tres horas de su casa. Pero antes de que se marchara, yo me encontraba terminando un mensaje acerca de Lázaro y de cómo Jesús esperó hasta el cuarto día para mostrarse, cuando nada podía hacerse respecto de su muerte.

Los judíos creían que el espíritu de un hombre flotaba sobre el cuerpo durante tres días, y luego por algún tipo de milagro posiblemente, y solo posiblemente, podía ser levantado de la muerte—pero no después del cuarto día—. Ya en ese momento era completamente imposible.[4] Esto hace más que obvio la razón por la que Jesús esperó hasta el cuarto día para ir a Betania (ver Juan 11:1-44, especialmente los versículos 1-17). Recuerde: para los hombres muchas cosas son imposibles; ¡pero con Dios *todas* las cosas son posibles!

Así que me encontraba predicando este mensaje acerca de Lázaro, declarando: "Es el cuarto día y todo lo que está muerto tiene que levantarse, despertar y regresar a la vida en nosotros". El poder de Dios fue muy fuerte mientras la Palabra de Dios salía; yo sabía que la gente estaba recibiendo una palabra *rhema* del Señor y que vidas estaban siendo cambiadas para siempre. Cuando la mujer recibió la llamada, ella se marchó inmediatamente y emprendió su viaje a casa. De camino a casa ella sintió una intensa necesidad de comenzar a orar muy agresivamente en el Espíritu por su esposo. Cuando llegó a casa, su hijo la recibió y le informó que su padre había muerto tres horas antes.

Esta mujer nunca perdió su fe. Santiago 1:6-8 dice: "Pero pida con fe, no dudando nada; porque el que duda es semejante a la onda del mar, que es arrastrada por el viento y echada de una parte a otra. No piense, pues, quien tal haga, que recibirá cosa alguna del Señor". Ella permaneció fuerte y no creyó ni recibió ese reporte.

Entró en la habitación y, como era de esperarse, su esposo estaba muerto... así que ella comenzó a adorar. Luego, la unción entró violentamente a la habitación y ella comenzó a hablarle a su cuerpo, ordenándole que regresara a la vida. Lo hizo una y otra vez, y después de un rato, él comenzó a entibiarse; más tarde, de pronto comenzó a respirar. El hombre literalmente resucitó. ¡Alabado sea Dios, Él responde la oración! ¡La oración audaz! ¡La oración violenta! ¡La oración confiada!

Existe una unción que literalmente puede transformar nuestra vida de oración para que veamos suceder lo sobrenatural justo ante nuestros ojos. La oración es necesaria. La oración es poderosa. La oración es efectiva. Mary Alessi, una amiga mía, una ungida escritora, artista, copastora de Metro Life Church de Miami, Florida, dice esto acerca de la unción:

> Apasionada, poderosa y dinámica son solo algunas palabras que describen la "unción". Cuando estamos ungidos somos dramáticamente inspirados a nunca dejar de buscar a Dios para obtener más de Él. Hablamos con un denuedo incomparable y desde un

> lugar de revelación y comprensión de autoridad real y divina. Para los que desean eso, ¡creo que abarca a todos los creyentes![5]

Una vez más estoy de acuerdo con las palabras de Oswald Chambers: "El propósito de la oración es que nos conectemos con Dios, no con la respuesta". Ha habido muchas veces en las que he buscado respuestas de Dios, pero al fin de todo, lo que recibo es una experiencia tan grande con Dios y una verdadera profundidad con Él que quedo agradecida por el viaje. Es durante esos momentos que realmente somos ungidos para orar. Cuando no sepa cuál será el resultado, ore como si su vida dependiera de ello, porque, francamente, su vida depende de ello. Durante esos tiempos, ningún demonio ni diablo del infierno puede quitarle esa experiencia. Y usted encontrará que ha obtenido algo que contar acerca de Dios; no del Dios de su mamá o de su papá, ¡sino de *su* Dios!

Dios desea escucharlo

Recuerde, cuando Jesús dijo: "Cuando ores…" en Mateo 6:5, Él insinuó que Dios absolutamente espera que nos comuniquemos con Él. La oración es necesaria y debe hacerse *a propósito*, intencional y regularmente, todos los días. Usted descubrirá que cuando ora en la unción, las distracciones aminoran; pero más que nada, descubre que no es molestado por las distracciones.

Cuando somos ungidos para orar, no estamos escuchando la elocuencia de nuestras palabras. Nuestro corazón está tan sintonizado con Dios y el Espíritu Santo, que las meras palabras son solo eso, palabras. Usted se encuentra derramando su alma ante Él y, al mismo tiempo, sabe que está tocando el cielo. Este es el significado de una de las formas de oración de la Biblia: *proseuchomai,* "suplicar, adorar"; o en otras palabras, "derramarse".[6] En esencia, Jesús les pidió a sus discípulos en el huerto tres veces si podían derramarse con Él una hora (ver Mateo 26:41-42, 44).

Además, este es el tipo de oración de Santiago 5:17. Dios desea escuchar oraciones sinceras, condimentadas y pesadas, hechas en fe. Mire, nuestra fe es lo que lo mueve. La Biblia dice: "Pero sin fe es imposible agradar a Dios; porque es necesario que el que se acerca a Dios crea que le hay, y que es galardonador de los que le buscan" (Hebreos 11:6).

La oración es poderosa. No importa dónde esté usted o de dónde venga, usted puede tener esto por seguro: *Dios escucha y responde la oración.* La Palabra declara: "Y esta es la confianza que tenemos en él, que si pedimos alguna cosa conforme a su voluntad, él nos oye. Y si sabemos que él nos oye en cualquiera cosa que pidamos, sabemos que tenemos las peticiones que le hayamos hecho" (1 Juan 5:14-15). De acuerdo, ¡eso lo soluciona! Lo diré otra vez: *Dios escucha la oración que se hace en fe.*

En su libro, *La oración invade lo imposible,* Jack Hayford dice: "Todos encaramos lo imposible. Nos atormenta, enfurece y nos amenaza, acecha nuestros días, presiona nuestra mente, tuerce nuestros planes, se atraviesa formidablemente en nuestro futuro, horada nuestro presente, nos alcanza desde el pasado. Pero hay una manera de encarar la imposibilidad. *¡Invadiéndola!* No con un discurso simplista con grandes esperanzas. No con ira. No con resignación. No es a través del estoico autocontrol. Sino con violencia. Y la oración proporciona el vehículo para este tipo de violencia".[7]

Eso es exactamente lo que Dios hizo con el pueblo de Israel. La Biblia registra la brutalidad de lo que tuvieron que padecer bajo el faraón quien se levantó sobre Egipto, y que "no conocía nada de José ni de sus hechos" (Éxodo 1:8, NTV). Más tarde en la historia, la hija del faraón encontró al bebé Moisés entre los juncos, lo tomó como su hijo y lo educó en el palacio. Pero las cosas se fueron a pique muy rápidamente, porque Moisés comenzó a volverse muy inquisitivo acerca de su vida y descubrió que en realidad era israelita y que había sido adoptado por la hija del rey. Él salió un día y vio a un soldado egipcio maltratando a un israelita, y lo asesinó. La voz de su delito corrió hasta el rey, de manera que Moisés escapó de la ira del faraón (ver Éxodo 1:8-2:15).

Mientras tanto, el pueblo de Israel no dejó de orar y de pedirle libertad a Dios. La Biblia registra su gemido desesperado:

> Con el paso de los años, el rey de Egipto murió; pero los israelitas seguían gimiendo bajo el peso de la esclavitud. Clamaron por ayuda, *y su clamor subió hasta Dios*, quien oyó sus gemidos y *se acordó* del pacto que había hecho con Abraham, Isaac y Jacob. Miró desde lo alto a los hijos de Israel y supo que ya *había llegado el momento de actuar.*
>
> —ÉXODO 2:23-25, NTV, ÉNFASIS AÑADIDO

USTED PUEDE EXPRESARSE LIBREMENTE EN ORACIÓN

Ahora miremos más de cerca la oración. En la Biblia se utilizan diferentes palabras para traducir la palabra *oración* del griego al español. Muchas expresiones distintas de oración ya están en nuestro espíritu. Al orar a Dios en fe, estas comienzan a fluir libremente desde nuestro hombre interior.

- *Euchomai* es la forma más simple de oración. Se traduce como "desear; por inferencia, orar a Dios".[8] Esta se usa en 3 Juan 1:2 "Amado, yo deseo [oro] que tú seas prosperado en todas las cosas, y que tengas salud, así como prospera tu alma".
- *Proseuchomai* es una carga que resulta de "derramarse" en oración. Como lo mencioné anteriormente, este es el tipo de oración que Jesús hizo en el Huerto de Getsemaní. Esta palabra también describe las oraciones que son mencionadas en Apocalipsis 5:8 como las "copas de oro llenas de incienso, que son las oraciones de los santos".

- *Dorea,* de acuerdo con el pastor Desmond T. Evans, es la palabra griega *don*, que significa una "oración creativa" al orar en el Espíritu. Este tipo de oración se menciona en Romanos 8:26: "Y de igual manera el Espíritu nos ayuda en nuestra debilidad; pues qué hemos de pedir como conviene, no lo sabemos, pero el Espíritu mismo intercede por nosotros con gemidos indecibles". El pastor Jack Hayford describe este tipo de oración como "privada", mientras que el don de lenguas es un don "público"[9] (ver Hechos 2:38; 1 Corintios 14:5; Efesios 6:18).
- *Entugchano* es intercesión, la cual es rogar por la causa de alguien más.[10] Hebreos 7:25 dice que Jesús se encuentra "viviendo siempre para interceder" por nosotros. El idioma original, de acuerdo con el pastor Evans, dice: "Atraemos esas cosas que fueron predeterminadas en los cielos que sucederían en el ahora en nuestra experiencia humana".[11]

Ahora, ¿recuerda Santiago 5:16: "La oración eficaz del justo puede mucho"? Esa palabra para "oración" es *deesis*, cuya raíz puede significar "hacer un contrato con Dios".[12] Las palabras *eficaz* o *ferviente* vienen de la palabra griega *energeo*, que significa "estar activo, ser eficiente",[13] y de la cual obtenemos la palabra *energía*. En otras palabras, ¡nuestras oraciones están vivas!

Permítame darle un ejemplo de esta palabra *energeo*. Algunos amigos estaban navegando por la punta de Florida, arrastrando sus cañas de pescar y anzuelos por el mar. Pescaron un montón de peces, los limpiaron y los cortaron; luego, los cocinaron inmediatamente: ahí mismo, a bordo. Uno de los chicos dijo que los pescados estaban tan frescos que continuaban moviéndose cuando los pusieron en la sartén. Eso, mi amigo, es una imagen de *energeo.* ¡Piense que sus oraciones son así de frescas, activas y vivas en el Espíritu, y que podrán mucho!

Me acordé de un testimonio que me contó un misionero amigo mío. Él se encontraba en una ciudad de Sudamérica cuando el avivamiento estalló ahí, y continuó durante varias semanas. Había una pareja en la iglesia que estaba activamente involucrada en acomodar y preparar el santuario, de manera que un día salieron temprano de casa para llegar a la iglesia y llevar a cabo sus labores, dejando que los niños caminaran más tarde a la iglesia después de sus tareas. Como sabemos, a veces se espera que los niños de algunas partes del mundo crezcan más rápidamente que los niños de otras partes del mundo.

Más tarde, sus hijos (una niña pequeña de alrededor de ocho o nueve años, con su hermano pequeño, quien tenía como cinco o seis años) iban de camino al servicio de la iglesia. Al pasar por cierta parte de la selva, de pronto, una serpiente pitón cayó de un árbol y comenzó a enredarse en el pequeño cuerpo de la niña. Estuvo muy cerca de ahogarla a muerte, mientras que su hermano miraba aterrorizado. Cuando la serpiente estaba a punto de apretarla por última vez e intentar abrir la boca sobre su cabeza, la niña logró decirle una palabra a su hermanito: "¡Ora!".

Él apenas pudo pronunciar las palabras: "En el nombre de Jesús...", cuando de pronto, la serpiente de inmediato soltó a su hermana y se retorció. Ellos huyeron corriendo, escapando del "apretón mortal" de esa serpiente. Cuando los niños contaron su testimonio aquella noche en la reunión, la pequeña todavía tenía las marcas de los dientes de la serpiente en su cabeza. Le digo que Dios escucha y responde la oración—de niños o adultos—en Estados Unidos o alrededor del mundo. ¡Lo que usted sea, necesita estar seguro de que la oración es poderosa y eficaz!

Puede orar de camino hacia la victoria

Sí, no importa lo que el enemigo intente decirnos, nuestras oraciones son eficaces. Sin embargo, es realmente importante cómo oremos hasta que obtengamos una respuesta de Dios. Como ya he dicho, debemos orar en fe, acercándonos al trono de gracia de Dios confiada y audazmente, sabiendo que encontraremos ayuda ahí. Debemos orar en la autoridad del nombre de Jesús, y algunas veces debemos orar violentamente. "¿Qué significa eso?", se preguntará. Creo, como el Señor mismo dijo, que: "Desde los días de Juan el Bautista hasta ahora, el reino de los cielos sufre violencia, y los violentos lo arrebatan" (Mateo 11:12).

Como lo explica un erudito: "Aunque aquí el griego es un tanto difícil de traducir, la idea de este versículo es que el Reino de los cielos, el cual Jesús estableció como un movimiento poderoso o un reinado entre los hombres (sufre violencia), requiere de ellos una reacción igualmente fuerte y violenta. Los violentos, entonces, que lo tomarán por fuerza, son las personas con un gran entusiasmo y compromiso, quienes están dispuestas a responder y propagarlo con un abandono radical al mensaje y la dinámica del Reino de Dios".[14] *¡Esos somos nosotros!* El pueblo radical de Dios. La Palabra dice: "Con lisonjas seducirá a los violadores del pacto; mas el pueblo que conoce a su Dios se esforzará y actuará" (Daniel 11:32).

Jesús también dijo en Lucas 16:16: "La ley y los profetas eran hasta Juan; desde entonces el reino de Dios es *anunciado*, y todos se *esfuerzan* por entrar en él" (énfasis añadido).

Jesús declaró que el avance del Reino de Dios es el resultado de dos cosas: *anunciar* y *esforzarse*. Eso establece la atmósfera para la adoración y oración sinceras. Él nos hizo saber que el evangelio del Reino debe ser proclamado con pasión espiritual. Así que en cada generación, los creyentes deben determinar si responderán a esta verdad con una mente y un corazón sensibles.

> Ignorar [lo que Jesús hizo] traerá pasividad que limita el ministerio del Reino de Dios de extender los términos de la verdad y el amor; es decir, enseñar o educar, o participar en actos de bondad. Sin duda, debemos hacer estas cosas. Sin embargo, aparte de 1) una búsqueda apasionada de oración, 2) la confrontación con lo demoniaco, 3) la expectativa de lo milagroso y 4) un corazón ardiente por el evangelismo, el Reino de Dios penetra muy poco en el mundo [...] El "esfuerzo" se lleva a cabo primero en guerra de oración, junto con una voluntad de rendir nuestra vida e intereses, con el fin de ganar las metas del Reino de Dios.[15]

Cuando oramos agresiva y autoritariamente, y estamos ungidos, algo tiene que cambiar: y *cambiará*. ¡La oración eficaz y ferviente del justo puede mucho! Santiago 5:17-18 dice: "Elías era hombre sujeto a pasiones semejantes a las nuestras, y oró fervientemente para que no lloviese, y no llovió sobre la tierra por tres años y seis meses. Y otra vez oró, y el cielo dio lluvia, y la tierra produjo su fruto".

¿Comprendió la primera parte de ese versículo que decía que Elías era un hombre sujeto a "pasiones semejantes a las nuestras"? Eso significa que Él era como usted y yo. ¡No se menosprecie! Permítame recordarle de nuevo lo que Jesús dijo en Juan 14:12: "El que en mí cree, las obras que yo hago, él las hará también; y aun mayores hará, porque yo voy al Padre". Usted tiene la unción para obras "mayores" en su interior.

¡Usted ha sido traído al Reino para un tiempo como este! Como Elías, ¡usted puede levantarse en oración y en verdadera adoración, y literalmente cambiar la atmósfera para la gloria de Dios! Usted está construido para esforzarse y *arrebatar el Reino*.

¡Es tiempo de EMPUJAR!

Usted está ungido para adorar a Dios con todo su ser. Usted está construido para morar en su palabra y en su presencia, hasta que venga un cambio dinámico. Lea Salmos 1:1-3 conmigo. Comienza y termina con una bendición:

> Bienaventurado el varón que no anduvo en consejo de malos, ni estuvo en camino de pecadores, ni en silla de escarnecedores se ha sentado; sino que en la ley de Jehová está su delicia, y en su ley medita de día y de noche. Será como árbol plantado junto a corrientes de aguas, que da su fruto en su tiempo, y su hoja no cae; y todo lo que hace, prosperará.

Jack Hayford escribe: "Si el hijo de Dios puede 'orar sin cesar' (1 Tesalonicenses 5:17), y 'sin cesar damos gracias' (1 Tesalonicenses 2:13), entonces también es posible, en la unción de Dios, *meditar de día y de noche* en la verdad de Dios. Esto sugiere un estado constante de comunión y relación con Dios" (énfasis añadido).[16]

En nuestra iglesia de Cleveland, Tennessee, hacemos lo que llamamos noches PUSH [Empujar]. "¿Qué son las noches PUSH?", se preguntará. Estos son eventos en los que oramos toda la noche, de las 10:00 p. m. hasta las 6:00 a. m. Son noches para Orar Hasta Que Algo Suceda [Pray Until Something Happens, PUSH]. Algunas veces tenemos que orar y meditar, y orar más; y luego cantar y adorar, y orar más, hasta que "algo"—*algo de Dios*—suceda.

En la vida de Jesús hubo veces en que oró toda la noche. Algunas veces eso es lo que tenemos que hacer. Tenemos que orar, hasta que algo suceda en una situación o (normalmente) hasta que algo nos suceda a nosotros. Estas noches de oración son una de las cosas más poderosas que hacemos como Iglesia.

Veamos la palabra *meditar*. Cuando medito, significa que

estudio y pienso acerca de la Biblia regularmente, que me *deleito* en las Escrituras. Al meditar en la Palabra de Dios, esta nos enseña quién es Dios y nos guía en las decisiones de la vida. Le insto a deleitarse en Dios y buscar tiempo con Él. Entre más lo conozcamos, más nos encantará observar su belleza incomparable.

La palabra *meditar* viene de la palabra hebrea *hagah* (que se pronuncia haw-gaw'), la cual significa "murmurar (por gusto o por ira); por inferencia: ponderar, imaginar, meditar".[17] Algunas veces durante la meditación, uno hace un sonido suave, tal como suspirar; meditar o contemplar algo mientras uno repite las palabras. "En el pensamiento hebreo, meditar en las Escrituras es repetir silenciosamente con un sonido suave y monótono, mientras se abandonan por completo las distracciones. De esta tradición viene el tipo especializado de oración judía llamado "daven" (*davening*, en inglés); es decir, recitar textos, hacer oraciones intensas o perderse en comunión con Dios, inclinándose o meciéndose de adelante hacia atrás. Evidentemente, esta dinámica forma de meditación se remonta al tiempo de David",[18] de ahí que el término en inglés comience con las tres primeras letras de su nombre.

Sí, somos llamados a orar, ¡y debemos orar hasta que algo suceda, mientras demostramos la verdadera adoración a Dios a través de nuestras oraciones! Creo que nos estamos moviendo hacia un mayor nivel de fe para ver montañas moverse y el avivamiento venir a nuestras iglesias, pastores, familias, escuelas, universidades y sí, en todo caminar de la vida. Dios ha prometido que si oramos, Él nos escuchará. La oración es el motor del Reino de Dios. Así que, vamos, acelere ese motor. Dígale sí a Dios.

HÁGASE CONMIGO . . .

Una vida de verdadera adoración es una vida de oración que exige los resultados de Dios. A través de la oración podemos establecer una atmósfera para que la unción *haga que algo suceda* en el plano terrenal. Cuando oramos, como Jesús lo mostró, podemos conectarnos con Dios. Entonces, Él nos responde con libertad, trayendo un cambio dinámico en nuestra propia vida y en la vida de la gente y las situaciones por las que estemos orando.

Ahora es tiempo de una pequeña meditación, por decirlo de algún modo: ¿Cuán dinámica es su vida de oración? ¿Se toma tiempo para morar en la presencia de Dios cada día? ¿Fluye libremente cuando ora, o siente incómodo comunicarse con Dios? ¿Puede levantar oraciones ungidas de fe a Dios y **O**rar **H**asta **Q**ue **A**lgo **S**uceda? De ser así, yo sé que hay una unción poderosa en su vida. Si no, Dios desea más de usted. ¡Él desea que se esfuerce y arrebate su Reino!

Oro que desde este día en adelante, usted sea como un árbol plantado junto a la corriente de la unción. ¡Declaro por fe que usted producirá fruto en temporada y prosperará en su propósito del Reino! ¡Diga amén! Ahora, tome un tiempo y medite en lo que aprendió en este capítulo. Luego, vaya a Dios en oración. Asegúrese de escribir lo que Él le diga, ¡porque hay mucho trabajo por hacer! ¿Por qué? Porque *¡usted tiene la unción!*

seis

LA UNCIÓN PARA PROFETIZAR

Adora a Dios; porque el testimonio de Jesús es el espíritu de la profecía.

—APOCALIPSIS 19:10

LA UNCIÓN PARA profetizar nos lleva de vuelta al principio, al Génesis de la unción, porque es cuando Dios declaró por primera vez: "Sea...". Él profetizó durante los seis días de la creación, y por el poder del Espíritu Santo, El Ungido (y, creo, todo el ejército celestial), se puso a trabajar. Todo vino a existencia de acuerdo con la declaración profética de Dios. Este es el principio de Génesis. Luego, al final del sexto día "vio Dios todo lo que había hecho, y he aquí que era bueno en gran manera" (Génesis 1:32).

Recordemos algunas otras cosas. Desde el principio, Dios determinó cómo se suelta su unción sobrenatural: "Creí, por lo cual hablé" (ver 2 Corintios 4:13). Ahora, recordemos que Jesús es el Verbo hecho carne (Juan 1:1-9, 14). Y el Verbo era, y siempre será nuestra *autoridad final*. De manera que si creemos en Jesús, el segundo Adán (y sé que usted cree en Él), estamos en conexión con el espíritu de profecía. Para ejercitar este don, tenemos que hacer lo mismo que Jesús: aprender la obediencia. Como mencioné anteriormente, esto comienza al *decir* lo que la Palabra dice acerca de nosotros. *Si deseamos verlo, ¡tenemos que decirlo!* Ah, sí, eso es bueno. Es *muy bueno.*

Jack Hayford escribe:

> Toda la Biblia es un producto del Espíritu Santo, quien no solamente es el "Espíritu de verdad" (Juan 16:13), sino el "Espíritu de profecía" (Apocalipsis 19:10). El verbo "profetizar" (derivado de la preposición griega *pro* y el verbo *phemi*) significa "hablar antes". El adverbio "antes" en este uso puede significar 1) "de antemano" o 2) "en frente de". De ahí que "profetizar" sea un término apropiado para describir la proclamación de la Palabra de Dios al pronosticar eventos. También puede describir la declaración de la verdad y voluntad de Dios. Así que, en ambos aspectos, la Biblia es profética: un libro que revela la voluntad de Dios a través de su Palabra y sus obras, así como un libro que revela los planes y las predicciones de Dios.[1]

Una profecía que cambia vidas

La profecía siempre ha sido parte de mi vida. Hasta donde puedo recordar, siempre ha habido un hombre o una mujer de Dios que ha profetizado la palabra del Señor sobre mí: ya sea mi madre, hermanas, pastores, tías, y finalmente, poderosos generales del ejército de Dios. Él se ha asegurado de colocar personas ungidas en mi vida, verdaderos adoradores que me dan una palabra en el tiempo adecuado.

Una de las profecías más grandes que he recibido y que sobresale para mí más que todas las demás que me han hablado, sucedió cuando era pequeña. Me encontraba ministrando y dirigiendo la adoración en una reunión en mi ciudad natal; yo estaba muy emocionada de poder dirigir la adoración en el tiempo en que acababan de surgir los movimientos carismáticos y de la Palabra. Este movimiento se estaba extendiendo como fuego incontrolado en nuestra pequeña región y yo estaba feliz de ser parte de él de todas las formas posibles.

Marilyn Hickey fue la oradora distinguida esa noche. Ella es una mujer de Denver, Colorado, quien realmente estaba sacudiendo a las naciones con sus enseñanzas poderosas. Marilyn operaba en muchos dones, pero lo que cambiaba vidas era su habilidad de memorizar capítulos completos e incluso libros de la Biblia. Lo que realmente me intrigaba acerca de esta mujer eran los dones del Espíritu que operaban en su vida tan tremendamente. Yo estaba emocionada por dirigir la adoración, pero sobre todo estaba emocionada por poder sentarme, ver a Marilyn, escucharla hablar y disfrutar experimentar los dones que operaban en una manera que yo jamás había visto ni conocido.

Recuerdo muy claramente que el auditorio estaba completamente lleno. La gente estaba adorando a Dios con las manos levantadas, ondeándolas y danzando. Luego, al final de la adoración, en una manera extraña y distinta (de acuerdo a mi juicio entonces), la gente por sí sola arrancó y comenzó a cantar en lenguas. Yo había visto esto muchas veces en los servicios a los que había asistido, pero yo no estaba dirigiendo cuando eso sucedía. Así que cuando me sucedió a mí, ese fue un nuevo fenómeno, y me encantó cada minuto.

Ahí había una poderosa atmósfera de unción. Lo que me parecía gracioso era que yo no comencé a dirigir a la gente a hacer eso; ellos simplemente comenzaron por sí mismos y empezaron a cantar en el Espíritu. Eso me pareció incómodo al principio, pero luego pareció bastante natural poder cantarle un "cántico nuevo" al Señor. Nadie más lo cantaba, lo sabía o lo había escuchado antes. No obstante, antes de todo terminara yo estaba cantando un "cántico nuevo" más fuerte que todos los demás.

Después del tiempo de alabanza y adoración, alguien se acercó al podio para presentar a Marilyn. Ella subió al escenario y casi inmediatamente, comenzó a ahondar en la Palabra. Todos estábamos hambrientos de más de la Palabra de Dios, a una profundidad a la que nunca habíamos sido enseñados antes. Y Marilyn, siendo maestra en el sistema de educación pública, tenía mucha práctica al ser una maestra meticulosa. Pero ahora, con la unción sobre lo que ella estaba diciendo, fue todavía más dinámico.

Al final de su enseñanza, todos comenzamos a orar...y mientras ella oraba, de pronto, comenzaron a salir de su boca palabras de conocimiento que ella le dirigió a muchas personas en ese lugar. Luego comenzaron a fluir palabras de sanidad y milagros. La gente se estaba levantando de las sillas de ruedas, y luego otros comenzaron a recibir palabras proféticas y el bautismo en el Espíritu Santo. Al comenzar a hablar, ella llamó a diferentes personas de la multitud: "La mujer del vestido rojo y suéter azul marino", o: "El caballero de camisa verde y chaqueta negra". Ella los llamaba a todos uno por uno y comenzaba a decirles detalles específicos de su vida con los más minuciosos detalles, incluso los nombres de personas específicas. El pueblo de Dios fue muy bendecido esa noche, incluso yo.

Lo siguiente que sucedió es algo que solamente pude haber soñado. Me senté ahí con puro asombro con el resto de la gente; no estaba viendo a una mujer, sino a una vasija siendo usada por Dios. Yo estaba en oración, creyendo y esperando que posiblemente, solo posiblemente, ella pudiera elegirme de entre la multitud. Apenas podía respirar, cuando escuché que llamó por el sistema de bocinas: "¿En dónde está la joven que dirigió hoy la adoración? Dios tiene una palabra para ella".

De repente, llegó un hombre con un cuaderno y una pluma en la mano, y se paró junto a la hilera donde yo estaba sentada. Dijo: "¿Le gustaría ponerse de pie y recibir una palabra del Señor?". Cuando me levanté para recibir una palabra del Señor, este hombre esta escribiendo tan rápidamente como podía, para que yo tuviera toda la palabra escrita para leerla más tarde. Yo estaba muy hambrienta de más de Dios. Marilyn comenzó a hablarme acerca de los dones que yo tenía y también acerca de los que estaban por venir. Ella me habló acerca de estar frente a grandes multitudes, con gente de todo el mundo, ministrando ante dignatarios, presidentes y primeros ministros. Fue casi demasiado de comprender. Yo pensaba: "¿De verdad está hablando de mí?".

¡Definitivamente estaba hablando de mí! Puedo decirle, mirando en retrospectiva hacia aquella noche en la década de los setenta, que sinceramente puedo decir que Dios ha cumplido y continúa cumpliendo esa palabra de profecía en mi vida, una y otra vez. El testimonio de Jesús es el espíritu de la profecía, y Dios confirma su Palabra. Usted tiene que creer que todo lo que Dios ha hablado para su vida sucederá.

Crea en Dios y profetice

Me encanta la palabra del Señor que vino al profeta Ezequiel. La Palabra dice en Ezequiel 37:1-10 que Dios le dijo que hiciera uno de los mayores milagros de la Biblia. Dios lo asignó a un valle. Como si fuera algo natural, Dios toma a Ezequiel y lo deja caer precisamente en medio de un valle. Pero no era un valle cualquiera. ¡No! Era un valle lleno de huesos. Y no solo huesos, eran huesos secos. Y no solamente huesos secos, la Biblia dice que eran huesos "secos en gran manera" (v. 2). No solamente eran huesos secos en gran manera, ¡sino que eran huesos desarticulados!

Dios le dijo a Ezequiel que hiciera algo milagroso. Permítame parafrasearlo: "Ezequiel, deseo que levantes a todos estos huesos, pongas vida en ellos y luego tengas una reunión de avivamiento para que ellos se conviertan en un ejército" ¿Cómo lo iba a hacer Ezequiel? "Profetiza sobre estos huesos" (v. 4).

Ahora, déjeme hacerle una pregunta. ¿A usted le gustaría esa tarea? Escuche la palabra del Señor; posiblemente sabe de lo que hablo, porque ahí es donde Dios lo ha colocado, ahora mismo, mientras lee este libro. Todo a su alrededor está muerto, sin vida, vacío y horrendo. Usted puede sentirse como si toda la esperanza se hubiera esfumado, que esa es la vida que le ha tocado y que así será para siempre. Pero todavía le quedan algunas cosas: todavía tiene su voz, sus manos, sus pies y su mente. Sobre todo, usted todavía tiene la Palabra viva de Dios. ¡Puede hablar, decretar, declarar y profetizarle a toda la muerte a su alrededor y ordenarle, a través de la unción *dunamis* (dinamita) del Espíritu Santo que regrese a la vida y *viva*! ¿Por qué? ¡Usted está ungido para profetizar! Usted también puede profetizar con sus manos. ¿Cómo? Recuerde lo que declaró David: "Alaben al Señor, mi roca. Él entrena mis manos para la guerra y da destreza a mis dedos para la batalla" (Salmos 144:1, NTV). Ya sea que *hable* la Palabra o *haga* la Palabra, usted está fluyendo en el espíritu de profecía, porque está coincidiendo con el testimonio de Jesús, la Palabra viva de Dios.

Yo creo esto: usted puede aplaudir hasta llegar a la victoria, puede saltar hasta obtener la victoria, puede definitivamente gritar hasta la victoria, y yo sé fehacientemente que puede danzar hasta la victoria. ¿No me cree? ¡Pregúntele a David! Todo lo que Dios nos ha dado es para su propósito y su plan para nuestra vida. Él está esperando que lo utilicemos. ¿Qué tienes en *tu* mano, Moisés?

Hay un pequeño libro llamado *Como un hombre piensa así es su vida*, escrito por un hombre desconocido de quien la mayoría de las personas jamás ha escuchado. Pero su filosofía de pensamiento positivo, de tener optimismo y un espíritu de "lo puedo lograr", es realmente de donde surgió la teoría del pensamiento positivo. En su esencia, este libro nos enseña: "Nuestros pensamientos son lo más importante de nosotros. Todo lo que logramos o no logramos es el resultado directo de nuestro pensamiento. Nuestros pensamientos son como semillas que producen cosechas".[2]

En *Como un hombre piensa así es su vida*, el autor James

Allen escribió: "Los buenos pensamientos y acciones nunca pueden producir resultados malos; los pensamientos y acciones malos nunca pueden producir buenos resultados. Es como decir que nada puede salir del maíz más que maíz, nada puede salir de la ortiga más que ortiga. Los hombres comprenden esta ley en el mundo natural y trabajan con ella; pero pocos la comprenden en el mundo mental y moral (aunque su operación sea tan simple y directa)".[3]

La cuestión es que somos exactamente lo que pensamos que somos en nuestra mente. Joyce Meyer escribió un libro llamado *El campo de batalla de la mente.* En el libro afirma que la mente es donde se gana o se pierde la verdadera batalla. ¿Cómo ganamos esta batalla en nuestra mente? Debemos ensayar y hablar continuamente aquellas cosas que Dios ha dicho acerca de nosotros: desde su palabra y las profecías habladas y decretadas sobre nosotros, nuestros hijos, nuestro matrimonio, nuestra nación, nuestro mundo o cualquier otra cosa.

Permítame decir esto: me encanta ese tipo de espíritu. Prefiero estar alrededor de una persona positiva y alegre en cualquier día que estar con alguien que siempre ve el vaso medio vacío (en lugar de verlo medio lleno), una persona que siempre tiene algo negativo qué decir y con la que nunca es agradable estar.

Creo que Ezequiel definitivamente tenía una actitud que decía "puedo lograrlo". Estoy segura de que profetizarle a un gran valle de huesos muertos, secos y desarticulados era una tarea alucinante; pero él le creyó a Dios e hizo exactamente lo que se le dijo que hiciera. Ezequiel abrió su boca y declaró la palabra del Señor.

USTED TIENE LA UNCIÓN PARA DECLARAR SU PALABRA

Ahora, habiendo dicho esto, permítame decirle: creo en tener el correcto estado mental, ¡absolutamente! Pero también creo en la Palabra de Dios, la Biblia. Debo tener la verdad de Dios para establecer mi actitud positiva. Francis Schaeffer lo llamó "la verdad verdadera".[4] Usted puede creer en los hechos si quiere, pero a mí, *¡déme la verdad!* ¡La Palabra de Dios es la verdad! Romanos 3:4 declara: "Antes bien sea Dios veraz, y todo hombre mentiroso".

Creo en que la Biblia es la Palabra viva, inspirada por Dios. Es infalible, confiable e irreprochable en su exactitud. Nos habla acerca de cómo debemos pensar, sentir, actuar, hablar y vivir en este mundo que nos ha sido asignado. Al ser ungidos para hablar la Palabra de Dios, comenzaremos a apropiarnos de la Palabra de Dios (y de la unción que viene de la Palabra) en nuestro corazón, "mandato sobre mandato [...] línea sobre línea, un poquito allí, otro poquito allá" (Isaías 28:13), hasta que cada palabra se establezca en nuestro corazón y nuestra mente, en la Tierra, en los cielos y debajo de la Tierra.

Como pueblo de Dios, nosotros estamos ungidos para cambiar nuestra ciudad, sociedad, nación, gobierno y el mundo, tal como Jesús ungió y asignó a Ezequiel para traer un cambio en la nación de Israel. Él nos ha colocado justo en medio de donde Él desea que estemos en este mundo, y Él desea que hagamos una diferencia eterna: que les profeticemos a los huesos secos en gran manera y desarticulados, que hablemos vida y dejemos que Dios nos use para producir un poderoso avivamiento en la Tierra.

Pero para que podamos declarar la Palabra de Dios a la oscuridad y cambiar la atmósfera espiritual, ¡tenemos que *cambiar nuestra mente*! Tómese un tiempo para meditar en los siguientes versículos. Deténgase, deje que circulen en su mente y unjan sus pensamientos. Oro que el espíritu de profecía venga sobre usted mientras renueva su mente en la Palabra de Dios.

> Tú guardarás en completa paz a aquel cuyo pensamiento en ti persevera; porque en ti ha confiado.
>
> —Isaías 26:3

Porque los que son de la carne piensan en las cosas de la carne; pero los que son del Espíritu, en las cosas del Espíritu. Porque el ocuparse de la carne es muerte, pero el ocuparse del Espíritu es vida y paz.

—ROMANOS 8:5-6

No os conforméis a este siglo, sino transformaos por medio de la renovación de vuestro entendimiento, para que comprobéis cuál sea la buena voluntad de Dios, agradable y perfecta.

—ROMANOS 12:2

En cambio, dejen que el Espíritu les renueve los pensamientos y las actitudes. Pónganse la nueva naturaleza, creada para ser a la semejanza de Dios, quien es verdaderamente justo y santo.

—EFESIOS 4:23-24, NTV

Haya, pues, en vosotros este sentir que hubo también en Cristo Jesús [...] y estando en la condición de hombre, se humilló a sí mismo, haciéndose obediente hasta la muerte, y muerte de cruz.

—FILIPENSES 2:5, 8

Poned la mira en las cosas de arriba, no en las de la tierra.

—COLOSENSES 3:2

Porque no nos ha dado Dios espíritu de cobardía, sino de poder, de amor y de dominio propio.

—2 TIMOTEO 1:7

Por tanto, ceñid los lomos de vuestro entendimiento, sed sobrios, y esperad por completo en la gracia que se os traerá cuando Jesucristo sea manifestado.

—1 PEDRO 1:13

Mi cuñado, el pastor Ronald Scott, ha estado batallando con cáncer de colon durante casi tres años hasta ahora. Él es un pastor y verdaderamente un hombre poderoso de Dios. Él es como Natanael, el discípulo de quien Jesús dijo: "He aquí un verdadero israelita, en quien no hay engaño" (Juan 1:47). Me encanta este hombre de Dios por su fervor, pero sobre todo por su fe. Desde que los médicos le dijeron acerca de su enfermedad, su fe nunca se movió. Mi hermana y sus hijos fueron grandemente devastados. Cuando se marcharon del consultorio del médico ese día, él le preguntó a mi hermana y a su hija mayor: "¿Por qué están llorando? Si Dios terminó conmigo, entonces estoy listo para marcharme; si no ha terminado conmigo, todavía tengo mucho trabajo que hacer. No me voy a ir a ningún lugar hasta que Dios haya terminado conmigo". Han pasado dos Navidades desde que los médicos le dijeron que no sobreviviría, y continúa aquí.

Cada vez que tiene que ir y hacerse tomografías o análisis, se va a casa inmediatamente. Él no se queda para la consulta. Le dice a su familia: "Ya sé lo que van a decir. Solamente creo en Dios. Cuando sea mi tiempo, entonces me iré; pero hasta entonces, voy a seguir confiando, creyendo, pastoreando mi iglesia, predicando, imponiéndoles manos a los enfermos y viendo a Dios hacer cosas grandes y asombrosas".

¡Eso es exactamente lo que él está haciendo! Usted se preguntará: "¿Cómo lo está haciendo?". Obviamente hay una gracia sobre él ahora para caminar en esta etapa de su vida. También hay una unción sobre él para vivir este milagroso caminar de fe diariamente. Y Dios está cumpliendo su palabra. Él siempre lo hará. Ronald le profetiza a su cuerpo todos los días, él y su familia comparten la santa comunión todos los días y mantienen viva su fe. Él está persistiendo en su persistencia.

Hay un dicho que dice así: "La persistencia es como luchar con un gorila. No nos rendimos cuando nos cansamos, nos rendimos cuando el gorila se cansa".

Deseo profetizarle ahora mismo que siento en el plano espiritual que el gorila (Satanás mismo) se está cansando. ¿Sabía usted que puede agotar al enemigo? ¿Sabía que puede frustrarlo hasta el punto en que él y todos sus pequeños demonios tomen sus maletas y se marchen, debido a que sus esfuerzos son ineficaces? ¿No me cree? Mire lo que sucedió cuando Jesús llegó a un lugar donde se encontraba un hombre endemoniado. En lugar de que Jesús los echara a las tinieblas de afuera y al gran abismo, los demonios le pidieron que los enviara a los cerdos. Incluso los cerdos tuvieron un mejor razonamiento; dijeron: "Preferimos morir a que estos demonios vivan en nosotros".

Los demonios tuvieron que marcharse. No tuvieron alternativa. Eso es lo que creo que está sucediendo en usted ahora mismo. Hay una unción que va a golpear su vida y va a causar que el enemigo de su vida se marche. Cuando abra su boca y comience a profetizar, el cambio vendrá.

Así que lo digo de nuevo: usted tiene la unción para profetizarle a su situación y ordenarle que se alinee con la Palabra viva de Dios. Si usted puede *decirlo* de acuerdo con la Palabra invariable e infalible de Dios, ¡entonces lo *verá* suceder!

¡ES TIEMPO!

Esto me lleva de vuelta a Ezequiel. La Biblia dice que cuando él obedeció a Dios y les profetizó a los huesos, "hubo un ruido mientras yo profetizaba, y he aquí un temblor; y los huesos se juntaron cada hueso con su hueso" (Ezequiel 37:7). Creo que a medida que usted le crea a Dios y fluya en el espíritu de profecía, ¡algo va a comenzar a temblar y sacudirse! El viento del Espíritu va a comenzar a soplar y el poder de la unción va a ser soltado. Le digo esto: aquellos *huesos secos en gran manera y desarticulados* que están en el valle donde Dios lo ha colocado, sin importar lo que estos sean, van a *juntarse* y a *vivir* para la gloria de Dios.

Eclesiastés 3:1 declara: "Todo tiene su tiempo, y todo lo que se quiere debajo del cielo tiene su hora". Creo, de acuerdo con Salmos 102:13 que "el plazo ha llegado" para el pueblo de Dios. Es tiempo de comenzar a profetizarnos a nosotros y a nuestras situaciones... *¡Es tiempo!* Es tiempo para su avance; es tiempo para su sanidad; es tiempo para que sus hijos sean salvos y para que su matrimonio sea restaurado; es tiempo para salir de las deudas... perder peso... ver todas las profecías que le han sido declaradas, cumplirse en su vida.

Cuando una mujer está encinta, ella no tiene que ir por todos lados declarándole a todo mundo: "¡Estoy encinta!". Todos aquellos con los que tiene contacto saben que está encinta. Llevemos esto más lejos. Cuando las cosas realmente comienzan a suceder y su esposo y ella se van de prisa al hospital y llegan a la recepción, lo primero que sale de su boca *no es*: "¡Estoy esperando un bebé!". ¡No! Ella está gritando, su esposo está gritando y, si hay otros familiares con ellos, todos están gritando: "*¡Llegó la hora! ¡Llegó la hora!*".

Eso es lo que estoy escuchando que el Espíritu Santo le está confirmando a su espíritu mientras lee este libro: "*¡Llegó la hora! ¡Ya no espere! ¡Llegó el tiempo... ahora!*". Pero hay algunas cosas que tenemos que hacer. Lo primero que necesitamos hacer es abrir nuestra boca y declarar la Palabra. Profetizar*nos* y profetizar sobre nuestra situación *para nosotros mismos*. Y cierto, buscar ayuda si podemos. Hay poder cuando nos ponemos de acuerdo. Pero sepa esto: ¡desde el principio de la creación, Dios se aseguró de que estuviéramos ungidos para profetizar!

Segunda de Corintios 4:6 dice: "Porque Dios, que mandó que de las tinieblas resplandeciese la luz, es el que resplandeció en nuestros corazones, para iluminación del conocimiento de la gloria de Dios en la faz de Jesucristo". Jesús, el Verbo hecho carne, vive en nosotros, y su testimonio es el espíritu de la profecía. Le digo esto: es tiempo de creerle a Dios y, de acuerdo con su Palabra, permitir que la unción para profetizar fluya en usted y a través de usted. ¡Usted tiene la unción!

HÁGASE CONMIGO . . .

Cuando Dios declaró: "Sea…", se soltó una poderosa unción y el ejército del cielo se puso a trabajar. Cuando Ezequiel declaró vida sobre esos huesos muertos y secos en obediencia a Dios, las cosas comenzaron a sacudirse y a juntarse de acuerdo con sus palabras.

Amigo, la Palabra de Dios—Jesucristo, el Verbo hecho carne—es nuestra autoridad final. Él es la esencia de la profecía; Él es la demostración y la declaración de la palabra de Dios revelada. Y Él vive en usted por el poder (la unción) del Espíritu Santo. Así que en el incomparable nombre de Jesús, lo digo desde una mente transformada, usted comenzara a profetizar la palabra del Señor al caminar en su vida diaria.

Levante su voz ahora y comience a profetizar la voluntad soberana de Dios como está revelada en su Palabra, sobre aquellas "cosas muertas" de su vida. ¡Cambie la atmósfera! Declárele a esos huesos secos en gran manera y desarticulados: "Oíd la palabra del Señor. ¡Vivan de nuevo!". Vaya, ¡hágalo con autoridad! ¡Hágalo con confianza! ¡Hágalo ahora! ¡Es tiempo! ¡Usted tiene la unción para profetizar!

siete

LA UNCIÓN DE GUERRA

El Señor es un guerrero; ¡Yahveh es su nombre! [...] Tu mano derecha, oh Señor, es gloriosa en poder. Tu mano derecha, oh Señor, aplasta al enemigo [...] Permite que tus siervos te veamos obrar otra vez, que nuestros hijos vean tu gloria. Y que el Señor nuestro Dios nos dé su aprobación y haga que nuestros esfuerzos prosperen; sí, ¡haz que nuestros esfuerzos prosperen!

—Éxodo 15:3, 6; Salmos 90:16-17, ntv

Mike Murdock ha dicho que la guerra es la prueba de que nuestro enemigo ha discernido nuestro futuro.[1] Sabemos que el diablo no es omnisciente (es decir, que lo sabe todo), pero sí puede percatarse de alguna manera que Dios está haciendo algo en nuestra vida. La mala noticia es que "en este mundo tendréis aflicción". Estas palabras están escritas en rojo en la Biblia, porque Jesús las dijo. Pero Él también declaró la buena noticia: "...pero confiad, yo he vencido al mundo" (Juan 16:33).

También sabemos que Jesús vino para destruir las obras del diablo; ¡así que la guerra es inevitable! Sucederá. Alguien dijo sabiamente: "Si no está usted en una batalla ahora, es que acaba de salir de una o a punto de entrar a otra". Sé que eso no es consolador, pero es cierto. La guerra es un tema que mucha gente no desea abordar, porque no les gusta la idea de tener un enemigo real, vivo e involucrado. La verdad del asunto es que, entre más pronto se dé cuenta de que el diablo siempre está "buscando a quien devorar" (1 Pedro 5:8), más pronto se percatará de que está tras de usted, su familia, su cuerpo y su mente, su futuro, su destino y su propósito, y sobre todo lo bueno que viene de Dios. Y más pronto necesitará elaborar una estrategia de guerra espiritual para vencerlo.

Creo que esta generación se está *levantando* y *despertando* a las tretas del enemigo, y nosotros estamos comenzando a hacer esta pelea justa. Revelaciones poderosas están surgiendo y confirmaciones del plano espiritual están sucediendo ante nuestros ojos; ¡algo definitivamente está cambiando y se está moviendo en los cielos! Desde luego, cuando hablamos de una batalla, ya sabemos que en realidad no es justa, ¡porque la batalla está arreglada! Dios la arregló hace mucho tiempo.

¿Cómo? La Biblia dice que Jesús es el "Cordero que fue inmolado desde el principio del mundo" (Apocalipsis 13:8). Nosotros también tenemos la unción para profetizar, la cual Dios estableció al principio de los tiempos (ver Génesis 1:3). Y cuando la Palabra de Dios actúa, todo en el plano celestial y en el terrenal—sí, incluso *todo hueso seco en gran manera*—¡comienza a sacudirse! ¡Así es! ¡El Señor es un "varón de guerra" (Éxodo 15:3)! Al acercarnos a Dios con verdadera adoración, declarando su Palabra en nuestra alabanza, oraciones, acciones y declaraciones proféticas ungidas, estamos declarándole la guerra al enemigo. Lo que es más, ¡también hemos leído la contracubierta del libro! ¡Ganamos aquí y ahora, y ganamos en el siglo venidero! (ver Apocalipsis 19:22). Así que aunque el diablo luche arduamente intentando robar, matar y destruir (Juan 10:10), al asirnos de la profesión de nuestra fe, él está peleando una batalla perdida.

Debemos enfrentar y conquistar al enemigo

Incluso el pueblo de Israel tuvo que enfrentar a sus enemigos. Luego de vagar por el desierto durante cuarenta años, cuando la nación comenzó a heredar la Tierra Prometida, ellos tuvieron que conquistar y destruir a todos los "eos". Josué 10:40 dice: "Hirió, pues, Josué toda la región de las montañas, del Neguev, de los llanos y de las laderas, y a todos sus reyes, sin dejar nada; todo lo que tenía vida lo mató, como Jehová Dios de Israel se lo había mandado".

Más adelante, en Josué 24, Josué reunió al pueblo en Siquem y les recordó cómo Dios les había dado la victoria sobre sus enemigos. Esta es la lista:

- Los amorreos del otro lado del Jordán (v. 8)
- Luego, después de cruzar el Jordán, los hombres de Jericó (v. 11)
- Los ferezeos
- Los cananeos
- Los heteos
- Los gergeseos
- Los heveos
- Los jebuseos

La única excepción fueron los gabaonitas, quienes engañaron a los hijos de Israel, diciendo que eran de una tierra muy lejana y que estaban buscando la paz. Para disgusto de Israel, el error fue que no pidieron el consejo del Señor y, como resultado, los gabaonitas no fueron removidos de la tierra (ver Josué 9:3-21).

Dios le había ordenado a Israel que eliminara a todos esos grupos, por causa de su perversión e idolatría. La tierra tenía que ser purgada, y Dios esperaba que Israel participara activamente con Él en el proceso. Aunque sus victorias eran del Señor, la mayoría de las batallas se peleaban en un combate mano a mano y cara a cara. Posiblemente es por ello que generaciones después, David pudo proclamar en medio de todas sus batallas victoriosas: "Bendito sea Jehová, mi roca, quien adiestra mis manos para la batalla, y mis dedos para la guerra" (Salmos 144:1).

Como ya vimos, David era un verdadero adorador que oraba, alababa y declaraba la palabra del Señor. Dios lo hizo un guerrero poderoso. Cuando David escapó de Saúl a la cueva de Adulam, Dios comenzó a formar un ejército que lo siguiera. Primera de Samuel 22:1-2 dice: "Yéndose luego David de allí, huyó a la cueva de Adulam; y cuando sus hermanos y toda la casa de su padre lo supieron, vinieron allí a él. Y se juntaron con él todos los afligidos, y todo el que estaba endeudado, y todos los que se hallaban en amargura de espíritu, y fue hecho jefe de ellos; y tuvo consigo como cuatrocientos hombres".

En lo natural, aquellos hombres tenían mucho por qué desanimarse, pero esto fue lo que marcó la diferencia en su vida: estaban en la cueva con un *mata gigantes*. En esa cueva, todos se familiarizaron íntimamente con David, y la unción de la vida de David se les contagió. *Déjeme decirle algo: cuando salieron de esa cueva, eran hombres de guerra poderosos y violentos.*

Sí importa con quién vaya a la batalla. Ahora, desde luego, cuando estamos enfrentando batallas, el Padre, el Hijo y el Espíritu Santo están con nosotros. Eso ya se sabe. No obstante, hay veces en que he tenido que asegurarme de que haya algunos hombres y mujeres designados—y ungidos—por el Espíritu Santo en mi círculo más cercano; gente que sepa cómo ser ungido para la guerra. Estos guerreros saben cómo adorar, orar, ayunar y declarar la Palabra de Dios. Ellos saben cómo utilizar su espada para degollar gigantes.

Créale a Dios y pelee

Hace varios años escribí un libro llamado *¡Arrebátalo!* En él, desafié al pueblo de Dios a darse cuenta de que tenemos autoridad y poder sobre el enemigo, a través del poder que Dios nos ha otorgado, para tomar de vuelta todo lo que nos ha sido robado. Lo he dicho antes y lo diré otra vez: ¡el Reino del cielo sufre violencia! Los creyentes violentos y radicales de todos los ámbitos de la vida lo toman por la fuerza (ver Mateo 11:12). Podemos *esforzarnos* en la oración de guerra, tomar el desafío y conquistar el territorio para el Reino de Dios.

En el capítulo anterior leyó acerca de mi cuñado, el pastor Ronald Scott, quien es un pastor muy exitoso junto con su esposa, mi hermana Alice, en Carolina del Norte; y del increíble ataque que llegó a su vida. Durante el ataque con el que se encontró el pastor Scott, mi hermana comenzó un viaje de cuarenta días de ayuno y oración, creyéndole a Dios "hasta". ¿Qué significa eso? Significa que oramos hasta ver una respuesta. Mi hermana pasó cuarenta días y cuarenta noches sin comer, dormir ni descansar. Ella obtuvo una victoria cuando el cáncer de su esposo entró en remisión. Pero luego de esta larga y ardua batalla, mi hermana se hundió en una profunda y oscura depresión, en la que incluso cuestionó su salvación. Esta poderosa mujer de Dios, quien copastoreaba con su esposo en su iglesia y que era maestra de la Biblia, estaba cuestionando su mera existencia como hija de Dios. Lo único que la mantenía viva y con fe fue su unción y su espíritu de guerra. No pudo rendirse. Ella perseveró. Peleó. Adoró. Y oró. Ahora, cinco años después, ella comparte el más increíble viaje de salir de la depresión que jamás he visto. "Mas a Dios gracias, el cual nos lleva siempre en triunfo en Cristo Jesús" (2 Corintios 2:14). Mi hermana tiene de vuelta su vida, su familia y su ministerio: y su fe violenta a la cual nada puede sacudir.

Le digo a usted: no importa lo que esté enfrentando—incluso si está deprimido y angustiado, endeudado o desanimado—usted tiene la unción para ser un guerrero poderoso para Dios.

El año pasado se me presentó una oportunidad única. Me pidieron que fuera la invitada especial del presidente Yoweri Museveni de Uganda para el Jubileo Dorado de Uganda. Esa fue una ocasión crucial para mí, pero lo fue especialmente para esta asombrosa nación, ya que estaban celebrando la victoria que ganaron hace cincuenta años, la cual los liberó de la subyugación al gobierno británico. Los años que pasaron bajo la dictadura de Idi Amin fueron considerados como algunos de los días más oscuros de la historia de este hermoso país.

Como una nota interesante, se creía que Idi Amin era antropófago.[2] Creo que era el diablo mismo en carne. Su trágica historia era la típica de Satanás merodeando, "buscando a quien devorar" (1 Pedro 5:8). Tal como Santiago 4:7 declara: "Someteos, pues, a Dios; resistid al diablo, y huirá de vosotros", la gente de Uganda hizo eso mismo para liberarse de Idi Amin. En ese tiempo, y ahora, había algunos guerreros poderosos de oración que se pusieron a trabajar y tomaron de vuelta su país en el nombre de Jesús. En la actualidad, gracias a Dios, hay un liderazgo cristiano en el gobierno.

Durante varios hermosos días tuvimos la oportunidad de celebrar la libertad, la liberación y la prosperidad con miles de ugandeses. En la ciudad de Kampala, Uganda, en el Campo Ceremonial de Kololo, miles de ugandeses se reunieron en el campo en una ceremonia solemne para celebrar un aniversario único en la vida. A la colorida ceremonia asistieron más de veintidós líderes de África y otros dignatarios extranjeros de China, el Reino Unido e Italia, por nombrar algunos de los países representados. En lugar de intentar explicar todo, permítame darle un ejemplo de cómo un escritor capturó un detalle momento a momento de la manera en que se dio el evento:[3]

- 12:10 p. m.: El presidente Museveni toma si asiento, como lo hicieron varios otros invitados en el pabellón principal. Bien, en cuanto a la multitud, creo que hoy no habrá asientos para ustedes.

- 12:11 p. m.: Ahora, tiempo de las oraciones.
- 12:15 p. m.: El extrovertido arzobispo de la Iglesia de Uganda, Henry Luke Orombi, toma primero el podio. En su oración, él dice: "Oramos por el futuro donde nuestra política pueda darle esperanza al pueblo de Uganda; donde Uganda sea cabeza y no cola".
- 12:20 p. m.: El Mufti de Uganda, el Sheikh Saban Mubajje se sumó. Él ora que: "Dios bendiga, guíe y proteja al líder de Uganda, Yoweri Kaguta Museveni".
- 12:22 p. m.: La cantante estadounidense góspel, Judy Jacobs, famosa por "The Days of Elijah" [Los días de Elías], es invitada a cantar exactamente lo que la ha hecho tan conocida. Esto ciertamente enciende a todo Kololo en una euforia espiritual inimaginable. ¡Ella es realmente buena!
- 12:28 p. m.: Seguido de la breve actuación de Judy Jacobs, lo siguiente en el "menú" es un desfile a paso lento y veloz. Por ahora, comenzamos con el desfile a paso lento.

Como puede ver, las cosas estaban muy bien planeadas hasta el mínimo detalle. Cuando subí al escenario junto con otros dos hombres, sentí conscientemente que estaba fuera de mi terreno. En primer lugar, yo era una mujer que estaría en el escenario junto con dos de los hombres religiosos más poderosos de todo el país (y que representaban bien a los demás países africanos). Y en segundo, yo era una cantante de góspel de los Estados Unidos. Al subir al escenario, uno de estos hombres me llamó la atención. Por decir lo menos, me encontraba nerviosa y sintiéndome un tanto fuera de lugar al estar en el mismo escenario que estos dos hombres. ¡Luego tuve que cantar una de las canciones más poderosas que decreta y declara exactamente quien es Dios el Todopoderoso, el Señor Dios de Abraham, Isaac y Jacob! Cantar, "Los días de Elías" y declarar: "¡NO hay Dios como Jehová!", estaba más allá de mis sueños más alocados

Cuando estuve en el escenario, pude ver que uno de estos hombres me miraba directamente, como diciendo: "¿Qué estás haciendo tú en el escenario junto a mí? Este no es lugar para ti". Yo conocía ese pensamiento espantoso, porque lo sentí antes y no me era extraño. Bien, para ser completamente honesta, eso realmente me exasperó (por decir lo menos). "De acuerdo, gracias, diablo; eso es exactamente lo que necesitaba".

Él estaba intentando intimidarme. Estaba intentando hacerme pensar que yo era menos que capaz de hacer lo que Dios me había llevado a Uganda a llevar a cabo. Eso realmente me hizo desear interpretar mi canción. Y eso hice, como puede ver en las notas del reportero. Yo, junto con cuarenta y cinco mil ugandeses, comenzamos a declarar en voz alta: "¡No hay Dios como Jehová!". Permítame decirle algo: ¡el denuedo y la autoridad me llenaron en una manera que solo puedo describir como *guerra violenta*!

¡En ese punto, ya no me importaba quién estaba en el escenario, abajo del escenario, en el estadio o, desde luego, debajo de él! Yo tenía la victoria y declaré esa canción sobre la nación, su presidente y la primera dama, su gente y esa tierra: "¡No hay Dios como Jehová!".

Si no tenemos cuidado, el diablo siempre ganará las confrontaciones. Tenemos que decidirnos, abrir la boca y *decir:* "Yo voy a pelear en contra de esto", lo que pueda ser nuestro "esto". Si usted se encuentra indeciso, tratando de dilucidar si la batalla que está enfrentando es meramente humana, o si el enemigo está intentando destruirlo, destruir una relación o un trabajo para el cual colabora, entonces permítame ayudarlo: *¡El* *enemigo está tratando de destruirlo!* Usted tiene que creerle a Dios y pelear a cada paso del camino. ¡Usted tiene la unción!

La batalla de Kaylee

Recuerdo vívidamente una de las batallas espirituales más grandes con las que me he encontrado en mi caminar cristiano. En ella estaba involucrada mi hija mayor, Judith Kaylee. Ella es la preciosa bebé que vino después de nuestro primer aborto, así que puede imaginar cómo nos sentíamos Jamie y yo por este pequeño "ángel perfecto". Y eso es exactamente lo que ella es en nuestra vida. Luego, cuando su hermana, Erica Janell, vino dos años después, ay, ¡Dios mío! Realmente nos estábamos divirtiendo entonces.

Observamos algo extraño que comenzó a surgir en la vida de Kaylee cuando tenía alrededor de ocho años, y realmente empezamos a preocuparnos. Ella comenzó a ser molestada por temores de la infancia. Al principio, era algo tan simple como tenerle miedo a los personajes de Disney en Disney World; y luego también el temor creció y empezó a temerle a los payasos, a los perros y a subir las escaleras sola en la noche. Esas eran cosas simples y sencillas que podríamos definir como temores comunes con que los niños luchan. Pero luego, sus temores comenzaron a aumentar. Ella comenzó a tener pesadillas, pensando que no sobreviviría para el siguiente día.

En cierta ocasión, de visita en el Museo y Fábrica Louisville Slugger de Kentucky, ella comenzó a pensar que no podía respirar y que el aserrín iba a matarla. Como puede imaginar, cualquier padre estaría devastado, por decir lo menos, al lidiar con todo ello. ¿Pero nuestra hija Kaylee? ¡No! Esto no podía sucedernos a nosotros, jamás en la vida. Se dice que nuestros dones atraen ataques. Segunda de Corintios 2:11 dice: "Pues no ignoramos sus maquinaciones [de Satanás]". Sabíamos que había una unción en la vida de nuestra hija, pero ese temor nos estaba llevando a un lugar que nunca pensamos posible. No sabíamos en qué resultaría este desafío al final. Voy a dejar que Kaylee explique en sus propias palabras cómo fue su "viaje hacia la libertad".

> Nací en la familia de dos personas apasionadas por Dios. Todos siempre me decían que tenía un llamado asombroso para mi vida y que estaba a punto de descubrirlo. Cuando tenía aproximadamente seis semanas de nacida, ellos me llevaron a mi primer viaje ministerial a la costa oeste de California. Mi mamá estaba verdaderamente preocupada porque respiraría todos los gérmenes de la gente y estaba muy tensa al respecto. Pero creo que lo superó, porque ese ciertamente no sería mi último viaje en avión. Al haber crecido en un ministerio evangelístico itinerante, cuando salíamos de la ciudad, no sabía lo que los poderosos hombres y mujeres de Dios con los que nos encontrábamos, me dirían o declararían sobre mi vida. Porque como mamá decía: "Todos querían ver a la 'bebé milagro'". Desde luego, nunca podía recordar lo que sucedía, pero mi mamá y mi papá siempre me han dicho lo que me fue profetizado sobre mí cuando era pequeña. Pero lo que estoy a punto de decirle, bien, fue una de las mejores noches de su vida.
>
> Yo era muy pequeña para recordarlo, pero según mi papá, había una gran expectativa en la habitación de que Dios hiciera algo glorioso. Nos encontrábamos en Albertville, Alabama, mamá había predicado de tal manera que había bajado el cielo a la Tierra y en la habitación había una presencia muy tangible. Durante el llamado al altar, un líder de adoración estaba fluyendo en una unción profética. Luego de veinte minutos de adoración, el ministro llamó a mi papá, quien me estaba cargando, y comenzó a profetizarme a través de una canción. Él dijo en la canción: "Tú

estás cargando a una profeta. Ella les profetizará a las naciones. Ella podrá las manos sobre la gente y serán sanos y liberados de las cadenas a través del Señor. Ella tocará música y escribirá canciones de liberación". Otra vez, yo era pequeña y no tenía idea de lo que estaba sucediendo.

Años más tarde, cuando tenía aproximadamente siete años, el enemigo me atacó con un brutal espíritu de temor. Fue una experiencia de tormento total para mi familia y para mí. Yo sabía que estaba llamada para ser usada por Dios, pero fui golpeada de tal manera que nunca pensé que viviría para profetizar y ver milagros, señales y prodigios. Era todo lo que podía hacer para funcionar a lo largo del día. Recuerdo gritarles a mis padres, rogándoles que me ayudaran cuando tenía ataques de ansiedad y profundos temores. En una de muchas ocasiones, mis problemas interfirieron completamente con el programa del ministerio de papá y mamá, y ellos tuvieron que cancelar sus viajes debido a "problemas familiares".

Lo que pueda imaginarse acerca del temor mientras lee esto, yo lidié con ello. Había días en que el enemigo me convencía de que yo moriría. Me torturaba con pensamientos locos e imposibles de fracaso. Algunas de las mentiras eran tan demoníacas que decidí ni siquiera compartirlas en este testimonio. Mis padres me animaban todos los días y muchas veces me dijeron: "Kaylee, Dios te ha llamado para su propósito, y el diablo odia la unción que hay en tu vida". Como dice mamá, ellos constantemente "declaraban la sangre de Jesús" sobre mi habitación y todo lo que me concernía. Hubo muchos días en que papá me llevaba a la escuela, pero terminaba llevándome de regreso a casa, porque yo estaba tan atada por el temor que no podía bajarme del coche. Yo odiaba eso, pero no podía controlarlo; no por mí misma.

Al pasar por esto, mis calificaciones cayeron, comencé a perder amigos y no podía comer. Como consecuencia, adelgacé. Podía sentir cómo me alejaba del Señor y sentía que ni siquiera estaba cerca de mí. Yo no lo sabía, pero mi espíritu estaba luchando en todo tiempo. Mi mamá me había enseñado a ser una guerrera de oración, así que oraba y citaba la Escritura yo sola una y otra vez: "Porque no nos ha dado Dios espíritu de cobardía, sino de poder, de amor y de dominio propio" (2 Timoteo 1:7). Luego de lo que pareció toda una vida—muchos días de ayuno total de mamá y papá: ambos pasando incontables horas en mi cama y en mi habitación con una botella de aceite de la unción, un paño de oración y un talit (un chal de oración judío); los amigos y familiares ayunando, declarando la sangre de Jesús sobre mi mente y mi vida—algo se quebrantó en el plano espiritual.

Como familia fuimos a The Ramp, con Karen Wheaton y Chosen in Hamilton, Alabama, para una cruzada infantil, donde la ministra Becky Fisher era la conferencista invitada. Yo fui llena del Espíritu Santo. Literalmente sentí cómo el poder de Dios vino sobre mí, el espíritu de temor me dejó y en su lugar llegó el gozo. Me fui de ahí cambiada y sanada *y* liberada. ¡Fue la mejor sensación del mundo!

Durante los últimos años se ha vuelto muy evidente por qué hubo un ataque tan mortal sobre mí a tan temprana edad. Como se puede imaginar, mis padres estaban haciendo todo y cualquier cosa que podían para ayudarme a traer un cambio a mi vida. Un día, papá trajo a casa una guitarra simplemente para distraer mis pensamientos. Yo no sabía tocarla, pero había algo en la guitarra que me atraía. Al poco tiempo, comencé a tomar clases de guitarra, a tocar canciones, escribir canciones e incluso desarrollé la habilidad de leer música. La guitarra se convirtió en mi lugar de refugio. Ahí encontré la presencia de Dios. Él se encontraba conmigo y me calmaba.

Ahora, por la gracia de Dios, toco en nuestra iglesia (lo cual es otra cosa que odia el enemigo), y ayudo a dirigir la adoración en nuestras reuniones de jóvenes. Recientemente tuve el privilegio de viajar con mamá y papá a Nigeria, y prediqué frente a miles y miles de personas, dando mi testimonio y declarando: "Ustedes son el pueblo escogido de Dios y no necesitan vivir en temor tampoco". Comencé a profetizarles avivamiento y la gente fue bendecida...y yo también. No podía creer que esta era la misma chica que no podía entrar a su aula y ver a sus compañeros de escuela. Y ahora, *¡wow!* ¡Mire lo que hizo Dios!

Cuando siento y veo que la Palabra de Dios fluye a través de mí, ya sea a través de la Palabra, de una canción o de mi guitarra—y cuando veo cambiar la vida de la gente como resultado de mi testimonio—ahora sé que estaba ungida para algo grande y poderoso. Ahora mi oración es: "¡Vamos, Señor! Estoy lista y absolutamente abierta para lo que tengas para mí". Ahora, cuando el enemigo viene e intenta traer temor, duda e incredulidad a mi vida, solamente me río en su cara y le recuerdo que es un mentiroso y que ya no tiene poder sobre mi vida. Puedo decirle por experiencia que si usted clama esta unción de la que mi mamá está escribiendo, él tampoco tendrá poder sobre su vida. Mantenga la fe. ¡Usted tiene la unción!

Este es un asombroso testimonio de la gracia y el poder de la oración, así como del triunfo en batalla, "la buena batalla de la fe" (1 Timoteo 6:12). Y como puede ver, fue una *buena batalla*; pero mire lo que sucedió: ¡GANAMOS! Ah, seguro, habrá más batallas, más guerra; pero "las armas de nuestra milicia no son carnales, sino *poderosas en Dios* para la destrucción de fortalezas" (2 Corintios 10:4, énfasis añadido). Lo diré otra vez, según Mateo 11:12: "El reino de los cielos sufre violencia, y los violentos lo arrebatan".

¿Qué arrebatamos? Arrebatamos el Reino de Dios *y* el reino de las tinieblas al mismo tiempo. Como un guerrero violento en fe, hacemos todo lo necesario para *pelear la buena batalla* y *permanecer en fe*. ¡Estamos ejerciendo la violencia del Reino! Los violentos se concentran, hacen al lado toda distracción mientras fluyen en la unción del Señor. Lea conmigo este testimonio:

> Mi esposa, Cheryl, y yo, habíamos simpatizado con el cristianismo toda nuestra vida. Habiendo sido educado en la iglesia Romana Católica y Cheryl como luterana y bautista del sur, el concepto de la unción nunca se mencionaba o era visto con escepticismo. No fue sino hasta un encuentro casual con Perry Stone que conocimos la unción en una manera que cambio para siempre nuestra vida.
>
> La unción no es algo que necesitemos buscar como un tesoro enterrado. No es algo que necesitemos buscar y recibir; sino es activada por la oración. La unción define quienes somos...es el "oxígeno" de la vida cristiana. Nos sostiene, nos da poder, nos define. Es lo que activa nuestra fe y nos hace un "hacedor" de la palabra (Santiago 2:14). Sin ella, solamente estamos jugando al cristianismo.
>
> No hay excusas...no hay distinción entre aquellos que se encuentran en la banca y los de detrás del púlpito en lo que concierne a la unción, ni en habilidad ni en responsabilidad. La unción es lo que nos guía y nos da poder. Nos lleva de "creer" a "conocer".

> La unción le dio poder a David para "correr" hacia Goliat ¡y también puede darnos poder a nosotros para vencer todo obstáculo en nuestra vida![4]
>
> —Bob Gesing
> Empresario/arquitecto/ministro

Alabo a Dios porque Kaylee fue impulsada con una fe violenta para abrirse paso a través del poder de la unción. Literalmente se convirtió en el oxígeno de su vida y de la nuestra, a medida que atravesábamos esos días oscuros. Lo que el enemigo trajo para mal, ¡Dios lo volteó para nuestro bien y su gloria! Yo le agradezco con todo mi ser por la unción de guerra.

Póngase su armadura espiritual

Ahora veamos la armadura espiritual que activamos por la fe, a través del poder de la unción. No dudo que el apóstol Pablo estaba mirando de frente al soldado romano del primer siglo cuando escribió estas palabras:

> Por tanto, tomad toda la armadura de Dios, para que podáis resistir en el día malo, y habiendo acabado todo, estar firmes. Estad, pues, firmes, ceñidos vuestros lomos con la *verdad*, y vestidos con la coraza de *justicia*, y calzados los pies con el *apresto* del evangelio de la paz. Sobre todo, tomad el escudo de la *fe*, con que podáis apagar todos los dardos de fuego del maligno. Y tomad el yelmo de la *salvación*, y la espada del Espíritu, que es la *palabra de Dios*; orando en todo tiempo con toda oración [*proseuche*, "derramarse"] y súplica [*deesis*, establecer sus propósitos en la Tierra] en el Espíritu, y velando en ello con toda perseverancia y súplica por todos los santos.
>
> —Efesios 6:13-18, énfasis añadido

No nos convertimos en guerreros poderosos sin pelear. Recuerde a los valientes de David quienes comenzaron angustiados, en deuda y descontentos. Cuando la unción de guerra sobre David (el que mató al gigante) vino sobre ellos también, ellos pelearon y ganaron muchas batallas. Aprendieron cómo colocarse la armadura y mantener sus armas. Y recuperaron mucho terreno para lo que luego se convertiría en el reino de David. Por el poder del Ungido, el hombre de guerra que derriba a cada enemigo, nosotros podemos vestirnos para la batalla todos los días y perseverar hasta que llegue la victoria.

Finalmente, David reinó como rey de Judá durante siete años y medio, y luego sobre todo Israel durante otros treinta y tres años (ver 2 Samuel 5:4-5). Y durante su reinado, el arca del pacto, que simboliza la presencia y el poder de Dios, fue llevada de regreso a Jerusalén (2 Samuel 6:12-19). *¿Puede comprender la idea?* Aunque podamos pelear muchas batallas, ¡la victoria es nuestra! ¡Nosotros tenemos la unción!

¡AVANCE Y TOME SU MONTAÑA!

Ahora que hemos establecido algunas cosas acerca del enemigo y la guerra, ¿en dónde peleamos? "La profecía de las siete montañas" que declararon hombres tales como Bill Bright, el pastor Johnny Enlow, Lance Wallnau, entre otros hombres de Dios, nos advierte que somos llamados a impactar nuestra cultura a través de lo que llaman "La revolución de Elías", al invadir e impactar siete áreas mundiales de la sociedad:

1. Los medios
2. El gobierno
3. La educación
4. La economía
5. La religión

6. La celebración/artes

7. La familia

¿Cómo invadimos cada una de estas montañas e impactamos nuestra cultura? ¡En *espíritu* y en *verdad*! (Vayamos de vuelta a leer Juan 4:23). Recuerde, Dios está buscando verdaderos adoradores. Eso significa que desarrollemos un carácter divino a través de la devoción al Señor (es decir, espíritu) y disciplina práctica (es decir, verdad), y el "entrenamiento básico" es donde todos comenzamos.

Mire, nosotros somos soldados, no espectadores. La adoración, la alabanza, la oración, la profecía y la guerra están *activas*. Eso significa que todos los días, debido al amor de Dios, nos autodisciplinamos y hacemos que la búsqueda del Señor y su Reino sea tan real como levantarnos, ir a la escuela o trabajar, comer los alimentos, pagar las cuentas, entre otras cosas. Nos sometemos a Dios y obedecemos al Espíritu Santo, y Él trae un cambio dinámico a nuestra vida.

Cuando espíritu y verdad están en equilibrio en nuestra rutina diaria, permanecemos en la postura de decirle que sí a Dios y, por la unción, hacer una diferencia poderosa en nuestra esfera de influencia. ¿A qué montañas lo ha llamado Dios, y para cuáles de ellas le ha dado dones? Él desea que usted muestre su gloria al desarrollar habilidades y capacidades excepcionales en aquellas áreas, y al ser mucho más poderoso en el Espíritu de lo que es en sus capacidades naturales. Cuando complete el "entrenamiento básico", Dios lo usará para impactar la cultura que lo rodea, al darle tareas avanzadas, como un guerrero experimentado en su Reino.

Ahora recuerde, el enemigo no juega limpio, tampoco juega siguiendo las reglas. Estamos involucrados en una lucha de vida o muerte; por lo tanto, las apuestas son demasiado altas.

De manera interesante, la Escritura nos dice: "Someteos, pues, a Dios; resistid al diablo, y huirá de vosotros" (Santiago

4:7); no nos dice que reprendamos al diablo. Él, el Señor, reprende al devorador por nosotros cuando nos sometemos a su Palabra (Malaquías 3:11). Si somos obedientes y marchamos a sus órdenes, conquistaremos al enemigo en nuestra tierra de promesa. Las estrategias de Dios, su fuerza y su provisión nos dan la victoria cada vez.

Que seamos como Josué, de quien se dijo: "De la manera que Jehová lo había mandado a Moisés su siervo, así Moisés lo mandó a Josué; y así Josué lo hizo, sin quitar palabra de todo lo que Jehová había mandado a Moisés [...] No faltó palabra de todas las buenas promesas que Jehová había hecho a la casa de Israel; todo se cumplió" (Josué 11:15; 21:45). Y que seamos como David, quien peleó y ganó batallas hasta que se convirtió en rey de Israel. Que la unción de guerra sea tan poderosa en nuestra vida que le hablemos a nuestra montaña y se sacuda, tiemble y sea transformada por la unción, para la gloria de Dios, tal como afirma Zacarías 4:7: "Nada impedirá el camino de Zorobabel [su nombre], ni siquiera una montaña gigantesca, ¡pues se convertirá en llanura delante de él!", y así será.

¡USTED PUEDE PELEAR LA BUENA BATALLA Y GANAR!

Uno de nuestros mentores recientemente escribió esto en su blog:

> Con todo lo que está sucediendo en el Oriente Medio, vi un interesante artículo en el *Wall Street Journal*, ayer mientras esperaba sentado en el aeropuerto de Miami. El artículo se titulaba "La defensa de la Cúpula de Hierro de Israel, batalló para arrancar".
>
> Narraba la historia del sistema de la Cúpula de Hierro y de cómo surgió a pesar de la resistencia militar, política y monetaria. El sistema entró en operación en marzo de 2011. Durante las dos últimas

> semanas, ha tumbado 421 cohetes lanzados desde Gaza. Esta fue la proeza: "Las especificaciones del proyecto exigían un sistema que pudiera escanear continuamente toda Gaza, detectar un cohete en el instante que fuera lanzado, sin importar cuan grande o pequeño, localizar su posible blanco y finalmente, si iba a golpear una ciudad, hacerlo estallar en el cielo con un misil. El sistema necesitaba hacer todo ello en 15 segundos".[5]

¡Vaya! Ciertamente: "He aquí, no se adormecerá ni dormirá el que guarda a Israel" (Salmos 121:4). Amigo oremos por la paz de Jerusalén y todo Israel, de acuerdo con Salmos 122:6. Dios ha prometido que aquellos que aman a Jerusalén serán prosperados.

Ahora le digo, al igual que esa Cúpula de Hierro, ¡las armas de nuestra milicia son *poderosas en Dios* y están derribando las fortalezas! Entonces, permítame preguntarle: *¿En qué condición están sus armas espirituales? En nuestra era atómica e informática, ¿sus armas están actualizadas?* Al tomar la unción de guerra—adorar, alabar, orar y profetizar—Dios nos da estrategias, sistemas, escáneres y lanzas espirituales que pueden derribar cualquier fuerza sobrenatural en segundos de ser iniciado un ataque.

Que Dios levante intercesores atómicos que se levanten sobre el muro como lo hacían los atalayas en la Biblia. Que el Señor haga sonar la alarma del plano espiritual y despierte a los atalayas de todas las montañas de la sociedad y la cultura. Oro que la unción de guerra imponga temor en el corazón del enemigo, especialmente en la montaña del gobierno, para que nuestros líderes se levanten por la justicia en esta nación. Proverbios 14:34 declara: "La justicia engrandece a la nación; mas el pecado es afrenta de las naciones".

Y que Dios provoque nuestro espíritu para que nos levantemos en la unción de guerra y derribemos las maquinaciones del enemigo. Al ser obedientes, al mantenernos consagrados y al tomar nuestras órdenes del Señor mientras peleamos con sus armas, ganaremos la guerra. Alguien dijo una vez: "La tentación es el tentador mirando a través del bocallave, hacia la habitación donde estamos viviendo. El pecado es como abrir el cerrojo y hacer posible que entre".[6]

Como un guerrero valiente en fe, debemos hacer todo lo necesario para *permanecer en fe.* ¡Estamos ejerciendo la violencia del Reino! Los guerreros valientes están enfocados y alejan toda distracción. No tiramos la toalla y no nos rendimos, *¡porque rendirnos no es una opción!* Usted tiene la unción de un guerrero, una unción innegable del Santo, y debemos rehusarnos a que se nos niegue lo que es nuestro derecho. ¡Así que cíñase en espíritu y en verdad, y pelee! Usted está ungido para involucrarse en batalla y prevalecer; por sus hijos, su matrimonio, su cuerpo, su mente y todas las áreas de su vida. *Nunca lo olvide: ¡usted tiene la unción!* ¡Así que pelee la buena batalla, porque *nosotros ganamos!*

HÁGASE CONMIGO...

¡Le declaro que no hay otro Dios más que Jehová! ¡Él es un varón de guerra! La diestra de su mano es gloriosa en poder y Él rompe al enemigo en pedazos. Pero espera que nosotros participemos activamente con Él en batalla.

Al avanzar en su llamado y su propósito, usted debe saber que la guerra es inevitable...porque usted es un soldado en el Reino de Dios, como David, Josué y muchos otros que le han precedido. ¡Hay una poderosa unción de guerra en su interior! Usted puede pelear y *ganar*, sabiendo que Dios ya ha puesto las probabilidades a su favor.

Ahora, permítame preguntarle: ¿Está usted batallando contra un ataque espiritual como el de Kaylee? ¿El enemigo ha lanzado una emboscada suprema, intentando mantenerlo atado para que pueda ahorcar la unción que hay en su vida?

Si usted ha estado luchando en un área particular y parece que no está obteniendo la victoria, póngase de acuerdo con el cielo. Vaya con un líder, un mentor, un amigo o un familiar; alguien que tome el reino por la fuerza y que no reciba un no por respuesta. ¡Le digo que el yugo del enemigo será quebrantado de su vida por el poder del Ungido! Declaro que usted se levantará en espíritu y en verdad, se pondrá la armadura y tomará sus montañas para la gloria de Dios. *¡Usted tiene la unción!*

ocho

LA UNCIÓN PARA FUNCIONAR

Ahora, amados hermanos, con respeto a la pregunta acerca de las capacidades especiales que el Espíritu nos da, no quiero que lo malentiendan [...] Hay distintas clases de dones espirituales, pero el mismo Espíritu es la fuente de todos ellos. Hay distintas formas de servir, pero todos servimos al mismo Señor. Dios trabaja de maneras diferentes, pero es el mismo Dios quien hace la obra en todos nosotros.

—1 Corintios 12:1, 4-6, NTV

La "unción para funcionar" es una frasecilla pegajosa, pero más que eso, es una frase que explica lo que necesitamos en el plano espiritual, para llevar a cabo nuestra tarea o el requerimiento que se espera de nosotros. También habla del poder del Espíritu Santo para obrar en nosotros, permitiéndonos operar en un plano de gloria en el que nunca hemos operado. Ahora, si fuéramos completamente transparentes, admitiríamos que deseamos estar cambiando constantemente "de gloria en gloria" en nuestro caminar con el Señor (2 Corintios 3:18). Nunca deseamos estancarnos ni volvernos inactivos. Queremos movernos constantemente con la nube de la gloria y la presencia de Dios, bajo el poder de la unción, para funcionar en la capacidad que Él nos ha dado.

La Dra. Shirley Arnold, pastora de Epic Church, de Lakeland,

Florida, dice: "La unción es la facultad que Dios nos da para llevar a cabo su propósito en esta Tierra. Es nuestro privilegio ser vasijas de su unción. Así como Jesús fue ungido con el Espíritu Santo para realizar grandes milagros, nosotros debemos ser ungidos para hacer sus obras. La unción es el 'Factor X'. Cambia el deseo en una realidad. Activa un sueño para su cumplimiento. Captura la desilusión y estalla en esperanza. ¡Transforma el temor en la audacia de un león!".[1]

Piénselo de esta manera. Antes de que naciéramos, Dios nos amo y tenía un propósito para nuestra vida. De manera que Él envió la unción y nosotros acudimos a su nombre para ser salvos. Luego, Él soltó su unción de nuevo y nosotros dimos el siguiente paso en nuestro caminar con Él. Cada vez que hemos avanzado en nuestro caminar cristiano, de gloria en gloria, ha sido porque respondimos a la unción del Espíritu Santo para funcionar.

No estoy hablando de que se nos tenga que ocurrir un buen plan o idea. Estoy hablando acerca de ese "Factor X": cuando el Señor viene a nuestro lado y nos da ese "toque espiritual" o unción del Santo. Usted sabe: ese tirón en su corazón que está envuelto en paz, dándole una "certeza" y un deseo de hacer algo que probablemente ni siquiera ha pensado. Dios suelta su unción a través de esta unción para funcionar, de manera que fluyamos en nuestros dones, talentos y habilidades, y obtengamos los resultados del Reino. A medida que obedecemos, a cambio vemos que el mundo está siendo cambiado para la gloria de Dios. De eso se trata todo.

En su libro *Radical Together* [Radicales unidos], David Platt observa: "...el mismo potencial reside en la Iglesia en mi contexto. Dios ha dado una gran gracia [...] recursos vastos, dones variados, habilidades innumerables, talentos inconmensurables y miles de millones de dólares [...] Si estuviéramos dispuestos a alterar nuestro estilo de vida, y si estuviéramos dispuestos a organizar nuestras iglesias en torno a llevar el evangelio a la gente que nunca ha escuchado de Cristo, veríamos que todos los grupos de personas de este planeta serían alcanzados con el evangelio".[2]

Esto es lo que estamos intentando hacer en nuestra iglesia, Dwelling Place Church International. Estamos dando, amando, guiando a la Iglesia y estamos enviándola, soltando gente hacia las partes más alejadas de la Tierra: Nigeria, México, Uganda, Turquía, Mozambique, Honduras, Colombia, Malawi, Argentina, Rusia, entre otras. Una unción poderosa está sobre nosotros, de manera que continuamos yendo y haciendo obras mayores en obediencia al Señor. Continuamos demandando la unción, accediendo a la fuente de los muchos dones, ministerios y recursos que están en nuestro Cuerpo local. Y esta misma unción es para todo el Cuerpo de Cristo. Para alcanzar los confines de la Tierra, colaborar juntos bajo una unción poderosa, debemos rendirnos a la unción del Señor para funcionar.

La función de la unción divina

Como estamos descubriendo, la unción es muy importante en nuestra vida diaria. Hagamos un pequeño repaso y avancemos desde ahí. En el capítulo 2 aprendimos que la palabra *unción* viene de la raíz hebrea *ungir*, que generalmente significa ser apartados para el propósito de Dios. Esta tiene el mismo significado que la palabra *santificar*, que significa "hacer santo; consagrar".[3]

Asimismo comprendimos a partir de ese capítulo que la palabra *unción*, en realidad es una parte funcional de esta palabra. Es parte de ese "don consagratorio" que Dios nos da para llevar a cabo su obra.[4] Ahora veamos un poco más profundamente. Esta palabra tan interesante también aparece en el Nuevo Testamento. Primera de Juan 2:20 dice: "Pero vosotros tenéis la unción del Santo, y conocéis todas las cosas". La palabra *unción* en este versículo viene de la palabra griega *chrisma* (que se pronuncia kris'-mah). Habla del "don especial ('chrism') del Espíritu Santo".[5] Este también se describe como "el eficiente medio para permitirles a los creyentes poseer un conocimiento de la verdad".[6]

En el habla moderna, la palabra *unción* se define como "una sinceridad conmovida o excesiva en forma o en palabra".[7] Esta es una especie de palabra para motivar. De manera que lo que debemos observar es que la *untura*, la "fuerza motivadora" de Dios, es su unción. Mírela de esta forma:

- Si no sentimos una unción para predicar, nuestra predicación será aburrida.
- Si no sentimos una unción para estudiar, nuestro estudio será azaroso.
- Si no sentimos la unción para cantar, no nos bendecirá y no bendecirá a los demás. Esto se debe simplemente a que si no somos bendecidos en lo que hacemos, no bendeciremos a nadie más.

Debe haber una unción para funcionar, o una fuerza motivadora, que suelte los dones y los llamados de Dios para nuestra vida. Y Él es quien nos da esa motivación, ese "¡Arre, vamos!", para llevar a cabo su obra. Ha habido muchas veces en las que he estado sentada en la primera fila de una iglesia o parada detrás de una cortina, alistándome para ministrar en un gran estadio o en televisión, y que no siento nada más que agotamiento, ansiedad o un mero: "Quiero a mi mami".

Pero en el momento en que subo a la plataforma o salgo de detrás de la cortina, cada vez, ha estado una unción del Santo para funcionar. De pronto, me abraza una unción para cantar, que me facilita cantar; o soy tocada por una unción para predicar que me facilita predicar. La mejor manera en que puedo comprender cuando esto sucede es que sé que Dios me está dando una habilidad sobrenatural para llevar a cabo lo que estoy llamada a hacer en un lugar en particular.

Estar inundada de la unción, me ayuda a hacer mis viajes más agradables. Una unción divina siempre está presente cuando dejo a mi esposo y a mis hijas para ir a ministrar. Obtengo la unción para funcionar cuando dejo la comodidad de lo familiar y voy a un lugar, territorio o nación desconocidos para mí. ¡Ah, sí! La *unción* es la fuerza motivadora de Dios, ¡la unción ayuda a obtener resultados!

LA UNCIÓN DE DIOS ES SUYA, MÍA Y NUESTRA

A lo largo del año viajo mucho por toda esta nación y otras naciones de la Tierra. Muchos de los lugares a los que asisto son muy emocionantes. También hay lugares no tan emocionantes. Le diré que mis lugares favoritos para visitar son aquellos que absolutamente demandan la unción que hay en mi interior. Normalmente, estos son lugares en que cada pieza de mi ropa está empapada de sudor cuando me marcho.

Cuando esto sucede, yo conozco la razón: alguien saboreó la unción que hay en mi vida y deseó una impartición de lo que hay en mi interior. Ahora, no dije que ellos desearan *mi unción*, porque mi unción es solo eso: la unción que Dios me da. Su unción es una unción única y una expresión que Dios le da.

La gente me dice algunas veces: "Hermana Judy, deseo su unción". Mi respuesta siempre es: "No, usted no desea mi unción. Usted desea la unción que Dios tiene para usted. Ahora, puede desear una impartición de mi parte, pero no puede tener mi unción, así como yo no puedo tener la unción de Joyce Meyer. Ella está ungida específicamente para el llamado que hay en su vida, y yo estoy ungida para el llamado especial de mi vida... al igual que usted".

Yo no tengo la unción de mi mamá, tengo una impartición de mi mamá; pero la unción única de mi vida vino de Dios *en* mí y *para* mí. Recuerde, ¡la unción de Dios es la unción *de Dios!* Él decide quién recibe sus dones, cuándo y dónde los recibimos, y cómo fluimos cada uno en su unción. ¿Por qué? Tenemos un mundo qué alcanzar para la gloria de Dios. Tenemos mucho trabajo que hacer. Necesitamos su unción, su motivación, para seguir adelante y completar lo que Él nos ha llamado a hacer.

Mi amiga Karen Wheaton dice lo siguiente acerca de la unción:

> Para mí, la unción es un tesoro precioso. Un don invaluable. Mi ayudadora. La fuente de mi confianza. Aquello que se derrama a través de un vaso ordinario rendido y hace que su gloriosa presencia sea tangible. Tenía once años cuando experimenté por primera vez lo que ahora sé que es "la unción". Estaba cantando un canto en el coro de niños, llamada "Hay algo acerca de ese nombre". Me dieron una parte para hablar a la mitad de la canción y, mientras estaba hablando, de pronto sentí al Ayudador. Alguien además de mí estaba hablando a través de mí. No era mi cuerpo, mi boca, mi voz, sino su Espíritu. Sentí un poder que trascendía mi edad y mis limitaciones. Pude ver el efecto de su presencia en la audiencia. Recuerdo haber pensado: "Lo que sea esto, lo deseo el resto de mi vida".[8]

Como afirmé anteriormente, la unción que recibe del Padre es distintivamente suya y solo suya. No obstante, el mismo Espíritu Santo dota a todos los hijos de Dios de este don fenomenal. Es una paradoja, pero una paradoja poderosamente efectiva.

Mis hijas no tienen mi unción ni la de su papá. Ellas tienen la unción que Dios les ha regalado. Ahora, ¿importa si han estado con nosotros toda su vida? ¡Desde luego! Ellas definitivamente han recibido una impartición de nosotros, pero eso no significa que hayamos estado intentando reproducir "pequeñas Jamie" y "pequeñas Judy". En absoluto.

Durante los años, he aprendido algo poderoso acerca de la unción para funcionar. No solamente nos mueve a cada uno de nosotros a llevar a cabo la obra de Dios, sino también se mueve dentro y entre nosotros, apurándonos a obtener resultados juntos. Si estoy junto al pastor Rod Parsley, experimento un fuego pentecostal como el que experimentaron Lester Sumrall y Smith Wigglesworth. Esta unción fue impartida y transmitida al pastor Parsley por estos dos hombres. Si estoy con Marilyn Hickey, obtendré un amor por memorizar la Palabra de Dios y un amor por las misiones. Y si estoy con el obispo Jakes, ¡voy a ser libre! Con quien estemos y la impartición que ellos lleven, definitivamente marcará una diferencia.

De manera que cuando demandemos la unción que hay en la vida de alguien, en esencia estamos diciendo: "Lo que está en usted, deseo verlo venir sobre mí". Usted le está diciendo a Dios: "Yo deseo tomar de tu poder, Señor. Deseo ver la manifestación de lo que vas a hacer a través de mí, como lo estás haciendo a través de esta persona", ya sea un conferencista, líder de adoración, salmista, músico o cualquiera de quien esté fluyendo la unción en ese momento

Por ejemplo, cuando la gente llenaba las carpas y los auditorios en Estados Unidos para ver y escuchar a gente como A. A. Allen, Kathryn Kuhlman, Oral Roberts, T. L. Lowery y muchos otros, ellos estaban esperando ver milagros, señales y prodigios. En esos servicios, durante esa época había una demanda sobre estos poderosos hombres y mujeres de Dios para lo sobrenatural. ¡La gente no se marchaba desilusionada, porque Dios llevaba a cabo cosas grandes y poderosas! ¡Alabado sea Dios, Él continúa haciendo lo grande y poderoso, porque nos ha llamado a hacer obras mayores! Nosotros como Cuerpo de Cristo, debemos continuar demandando de los verdaderos apóstoles, profetas, evangelistas, pastores y maestros de nuestro día. Uno de esos verdaderos siervos de Dios, el pastor Rod Parsley de World Harvest Church, escribe:

> Isaías 10:27 dice: "Acontecerá en aquel tiempo que su carga será quitada de tu hombro, y su yugo de tu cerviz, y el yugo se pudrirá a causa de la unción".

> La unción es el poder de Dios en acción en su vida, para remover las cargas y destruir los yugos. La unción es tangible, por lo tanto, es transferible. La mujer con el problema del flujo de sangre lo descubrió cuando tocó el borde del manto de Jesús y fue limpiada. Esta misma unción residía en la vara de Moisés, en los huesos de Eliseo, en la sombra de Pedro y en los paños y delantales de Pablo. Jesús dijo que Él estaba ungido para predicar, para sanar, para liberar y para libertar: y usted también.
>
> La primera vez que experimenté la unción de Dios fue en 1979, en Indianápolis, Indiana. Oré por una mujer cuya quijada estaba horriblemente deformada, y con un ruido que pareció como un disparo de pistola, inmediatamente se estiró y se normalizó. A partir de esa vez, he visto suceder cosas increíbles como resultado de la unción, la cual siempre viene para liberar a los cautivos de lo que los está atando.[9]

¡Caramba! Dios suelta su unción, y cuando obedecemos y fluimos en la unción, ¡suceden milagros! ¡Dios continúa haciendo milagros! Y a medida que le permitamos moverse en nosotros y a través de nosotros, no habrá límites para lo que Él hará, mientras continuemos la obra de Jesús, *predicar el evangelio a los pobres, sanar a los quebrantados, proclamar libertad a los cautivos, hacer recobrar la vista a los ciegos* y *liberar a los oprimidos*. Le digo esto: Dios tiene mucho trabajo por hacer. ¿Está listo para obedecer a Dios y utilizar los dones sobrenaturales que Él le ha dado cuando Él suelte su unción en su espíritu? Le insto a decirle sí al Señor.

La unción continúa creciendo...

Hace varios años me sentí guiada a comenzar una temporada de ayuno y oración. Era un momento muy estratégico en el que necesitaba ver a Dios comenzar a hacer algo mayor en mi vida.

Yo estaba orando muy fervientemente por una unción más fuerte. Nunca lo olvidaré.

Durante ese tiempo, mientras me encontraba ministrando la Palabra del Señor, algo como un fuerte viento sopló junto a mí, y luego algo comenzó a suceder en mi mente y en mi lengua a la vez. Las cosas que comenzaron a salir de mi boca me asombraron. Decía algo y, en el momento que salían las palabras, pensaba: "Señor, ¿de dónde vino eso?". Finalmente, Dios me habló y me dijo: "Esta es la nueva y fresca unción por la que me has estado buscando y las estoy poniendo en ti, y así se siente, así suena y así luce. Ahora pídeme y te daré más". A partir de ese momento nunca he mirado atrás, y la unción que está en mi vida ha continuado creciendo, porque nunca estoy satisfecha. Deseo todo lo que Dios tiene para mí y más.

A medida que lo buscamos, la demanda de unción continúa expendiéndose en nuestra vida. Una cosa que he observado al perseguir a Dios es el momento en que siento que he "llegado" en mi caminar espiritual o que he alcanzado un punto en que simplemente no me siento segura de tocarlo, Dios se mueve en mí y susurra: "Eso es, ven un poco más alto cada vez". Ahora me he dado cuenta de que nunca alcanzaré esa estatura con Él. Él siempre se va a mover en mí con "algo más", y yo no preferiría nada más.

Oro por esta misma unción en su vida. Oro que, tal como gente como yo, Rod Parsley, Kathryn Kuhlman y otros han demandado la unción y nuestros dones han explotado, que usted experimente esta unción divina para obrar y hacer muchas obras poderosas para Dios. Todos somos parte del mismo equipo y Dios desea usarnos a todos para llevar a cabo su obra. De hecho, la unción solamente aumenta cuando trabajamos juntos.

Aquí tenemos otro ejemplo. En el fútbol hay once jugadores que están en el campo de juego a la vez, pero hay más de once en el campo cuando se toma en cuenta a la multitud. La multitud les demanda cumplir a los jugadores.

En Seattle, Washington, el equipo de fútbol son los Halcones Marinos de Seattle. Su estadio se llama CenturyLink Field, y si usted ha estado ahí, probablemente haya podido ver por que este estadio se considera como uno de los estadios más ruidosos en el fútbol. La manera en que está construido y diseñado este estadio crea un vacío en el sonido que domina el ambiente. El sonido es tan fuerte que el equipo opositor no puede escuchar las jugadas estratégicas. En la NFL, el "duodécimo hombre" de los Halcones Marinos de Seattle es el ruido más poderoso de la multitud en toda la liga, porque son los fanáticos más ruidosos, bulliciosos y más dominantes contra sus oponentes a lo largo de los cuatro cuartos del juego.

Creo que esta es la hora final en que Dios le va a enviar "animadores" que van a impulsarlo, tanto en su caminar como en su ministerio para el Reino. Su trabajo solamente será animarlo, levantarlo y estimularlo en sus unciones y sus dones. También creo que los gritos de ánimo van a ser tan dominantes que el enemigo no podrá descifrar lo que Dios está diciendo y haciendo en nuestra vida, por causa de nuestras fuertes alabanzas.

Posiblemente nuestro "público local" es a lo que se refería el escritor de Hebreos, cuando escribió:

> Por tanto, nosotros también, teniendo en derredor nuestro tan grande nube de testigos, despojémonos de todo peso y del pecado que nos asedia, y corramos con paciencia la carrera que tenemos por delante, puestos los ojos en Jesús, el autor y consumador de la fe, el cual por el gozo puesto delante de él sufrió la cruz, menospreciando el oprobio, y se sentó a la diestra del trono de Dios.
>
> —Hebreos 12:1-2

Al escribir desde Roma, el autor habría sabido acerca de las grandes multitudes que se reunían en el Coliseo para ver los eventos deportivos.

Lo que estoy diciendo no es espeluznante. Cuando tengamos hambre y sed de más de Dios, entonces Él no nos decepcionará. No estoy hablando de un ambiente controlado o manipulado. Estoy hablando de un clima espiritual o incluso de una emoción franca que no se conformará con nada menos que Dios mismo. Ese tipo de audiencia o congregación literalmente tira de la unción. ¡La untura, la unción para funcionar, es la fuerza, el ímpetu o el estímulo invisibles del ministerio! Que Dios incremente su hambre de Él y le dé una unción poderosa para hacer obras mayores en esta hora final.

LA UNCIÓN LO MANTIENE EN ACCIÓN

Habrá veces en su caminar con Dios en que necesite un toque de Él para mantenerlo activo. Cuando esto suceda, no se autocondene. El Señor es muy hábil para soltar sus habilidades especiales en nosotros. Él sabe cómo trabajar en diferentes maneras para llevar a cabo las cosas. Nosotros solamente necesitamos ser obedientes a Él a medida que suelte su unción y nos dirija. Veamos algunas historias de la Biblia para ver cómo opera Dios.

Tras la muerte de Moisés, Dios comisionó a Josué. En una manera directa, el Señor le dijo a Josué: "Mi siervo Moisés ha muerto; ahora, pues, levántate y pasa este Jordán, tú y todo este pueblo, a la tierra que yo les doy a los hijos de Israel. Yo os he entregado, como lo había dicho a Moisés, todo lugar que pisare la planta de vuestro pie" (Josué 1:2-3). Observe que Dios no dijo: "Moisés mi siervo, ha expirado". Tampoco dijo: "Moisés mi siervo, ya no está más con nosotros". Él dijo directamente, y parafraseo: "Él está muerto. Ahora lleva a esta gente a la tierra que he prometido; y tal como estuve con Moisés, estaré contigo".

Había una unción de poder, motivación, en las palabras de Dios que impartieron una habilidad y confianza a Josué para hacer lo que debía hacer. "Se acabó el regodeo de compasión —Dios estaba diciendo—. ¡Ahora vamos!". Así, Josué recibió la unción para guiar a su pueblo y obedeció al Señor. Josué guió al pueblo de Israel bajo una unción poderosa durante más de veinticinco años.

Mientras escribo, siento una unción de que esto es lo que Dios le está diciendo a usted. Alguien o algo ha muerto. Posiblemente sea un cónyuge, un hijo, un matrimonio, un negocio, un sueño, un amigo o incluso un ministerio. Pero Dios está diciendo: "¡Levántate! ¡Es hora! ¡Tú tienes la unción! Yo voy a ser el amigo que permanezca más cerca de ti que un hermano".

Amigo, ahora puede saber que incluso si su madre, su padre o algún otro ser querido lo abandona, el Señor lo recogerá. Es tiempo de que se declare a sí mismo: "He estado en el suelo mucho tiempo; es hora de continuar con el plan que Dios tiene para mí". Incluso en este momento está obteniendo una unción del Santo. Ya está sintiendo una remoción en su espíritu... ¡las cosas están cambiando!

Ahora veamos cómo Dios se movió en el profeta Isaías. El capítulo seis del libro de Isaías, comienza con Isaías diciendo: "En el año que murió el rey Uzías vi yo al Señor sentado sobre un trono alto y sublime, y sus faldas llenaban el templo" (v. 1). Ahora, para ver la importancia real de lo que Isaías estaba diciendo, es importante considerar el reinado de Uzías en su totalidad:

- Uzías comenzó su reinado a los dieciséis años de edad.
- Él reinó durante cincuenta y dos años.
- Era un rey bueno y fuerte quien dirigió a Israel a muchas victorias militares.
- Era un constructor y planeador vigoroso.
- Sufrió un final trágico.

De manera que cuando Isaías escribió que fue llamado "en el año en que murió el rey Uzías", él estaba diciendo mucho. A un nivel emocional, este versículo podría decir: "En el año en que murió nuestro gran y sabio rey". Pero todavía mejor, podría decir: "En el año en que murió nuestro gran y sabio rey, quien tuvo un final trágico". Isaías tenía una gran razón para estar desanimado y desilusionado por la muerte del rey Uzías. Este rey que alguna vez fue grande, murió y su vida terminó trágicamente. A pesar de todo, Dios soltó su unción a Isaías y él vio entronizado al Señor Dios: el Rey que era mayor que cualquier rey terrenal.

Dios sabía que Isaías necesitaba continuar, y Él sabe exactamente lo que usted necesita. Es por ello que se encuentra leyendo este libro. Así que, ¡levántese! Dios está con usted. Él le dará otra vez la unción para funcionar, porque mientras tenga vida, usted tiene un propósito en Dios. Dígase: "Yo voy a ver al Señor en esta situación. Las cosas pueden verse mal ahora, pero las cosas que se ven son solamente temporales, están sujetas a cambio. Las cosas que no se ven, son eternas". Ahora abra su boca y declare: "Estoy preparándome para ver las promesas eternas de Dios cumplirse en mi vida".

Igualmente vemos esta unción para funcionar en la vida de Samuel. Luego de que los filisteos habían derrotado al pueblo de Israel y tomado el arca del pacto, comenzaron a sucederles cosas malas. De manera que les regresaron el arca a los israelitas. Contrariamente a ello, a donde iba el arca en Israel, esa zona era bendecida. Después de sufrir la derrota, los israelitas estaban listos para escuchar a Samuel y arrepentirse. Entonces, en el momento preciso que se reunieron para confesar sus pecados contra el Señor, los filisteos decidieron atacar una vez más. Es cuando la unción del Señor vino sobre Samuel y él se levantó y levantó una ofrenda a Dios. Justo cuando lo hizo, "Jehová tronó aquel día con gran estruendo sobre los filisteos, y los atemorizó, y fueron vencidos delante de Israel" (1 Samuel 7:10).

Pasaron unos cuantos años. Samuel estaba lamentando que Saúl, el rey de Israel (a quien había ungido), había sido rechazado por el Señor. Dios le habló a Samuel y dijo: "¿Hasta cuándo llorarás a Saúl, habiéndolo yo desechado para que no reine sobre Israel? Llena tu cuerno de aceite, y ven, te enviaré a Isaí de Belén, porque de sus hijos me he provisto de rey" (1 Samuel 16:1).

Cuando Samuel vio al primer hijo de Isaí, él pensó que seguramente estaría viendo al ungido del Señor. Pero recuerde, la unción *no* depende de la carne. Gracias a Dios, Samuel fue sensible a la voz del Señor. Él no dependió de lo que "parecía" estar bien con respecto al ungido del Señor. Dios le explicó a Samuel: "Porque Jehová no mira lo que mira el hombre; pues el hombre mira lo que está delante de sus ojos, pero Jehová mira el corazón" (v. 7).

El proceso continuó, y después de que aparecieran los siete hijos de Isaí, no hubo unción divina. Así que Samuel le dijo a Isaí que el Señor no había elegido a ninguno de ellos. Luego Dios soltó unción y Samuel le preguntó a Isaí si tenía más hijos. Isaí respondió: "Queda aún el menor, que apacienta las ovejas" (v. 11). Cuando entró David, el Señor le dijo a Samuel: "Levántate y úngelo, porque éste es. Y Samuel tomó el cuerno del aceite, y lo ungió en medio de sus hermanos; y desde aquel día en adelante el Espíritu de Jehová vino sobre David" (vv. 12-13).

La Biblia dice: "Porque en parte conocemos, y en parte profetizamos", y un día conoceremos como fuimos conocidos (1 Corintios 13:9, 12). De manera que *debemos* obedecer la unción del Señor para movernos en la unción, *cuándo, dónde* y *cómo* Él desee. Nuestra respuesta, en el momento que Dios nos mueva, determina si llegaremos a la meta o si la perderemos, en nuestro llamado en Jesucristo. Pablo les escribió a los filipenses:

> Pero me concentro sólo en esto: olvido el pasado y fijo la mirada en lo que tengo por delante, y así avanzo

> hasta llegar al final de la carrera para recibir el premio celestial al cual Dios nos llama por medio de Cristo Jesús.
>
> —FILIPENSES 3:13-14, NTV

La unción del Señor se movió poderosamente en la vida de David. He hablado mucho acerca de David, porque él tuvo una vida excepcional. Su reinado durante el periodo de los reyes de Israel comprobó ser el pináculo de la historia de la nación. Como ya lo he dicho, David fue un hombre conforme al corazón de Dios y un poderoso hombre de guerra; no obstante un ungido adorador.

Cuando David todavía era joven, la unción de Dios venía sobre Él, y él tocaba música ungida que aliviaba al rey Saúl cuando era angustiado por un espíritu atormentador (2 Samuel 16:23). Pero después de que David mató a Goliat, un espíritu de envidia se apoderó de Saúl; una vez que David estaba tocando música para Saúl, el rey le arrojó una lanza (1 Samuel 18:10-11). Pero la Palabra dice: "David siguió teniendo éxito en todo lo que hacía porque el Señor estaba con él" (v. 14).

La unción para funcionar era tan fuerte sobre David que Saúl le temía, "porque el Señor estaba con David pero se había apartado de él [Saúl]" (v. 12). La vida de David es un excelente ejemplo de lo que es caminar en el Espíritu y en obediencia a la unción del Señor. Debido a que Dios tenía un asombroso propósito para la vida de David, Él le dio la unción una y otra vez para avanzar en fe, bajo una unción poderosa.

Como rey, David fue prolífico en adoración. Él escribió muchos salmos mientras alababa al Señor. De hecho, cuando el arca regresó a Jerusalén, David se movió en la unción y danzó ante el Señor con toda su fuerza. Sin embargo, cuando su esposa Mical (la hija de Saúl), externó su menosprecio por la exuberante adoración de David, él respondió: "Fue delante de Jehová" (2 Samuel 6:21). ¿Y qué sucedió más tarde? David continuó siendo bendecido por el Señor y Mical quedó estéril (v.

23). Creo que se quedó estéril, no porque le hubiera caído una maldición por parte de Dios, sino porque David no tuvo nada que ver con ella después de ese pequeño incidente. Él eligió poner primero a Dios en su vida y no iba a dejar que nada dictara su adoración, en especial su esposa pagana.

Vemos también a los santos del Nuevo Testamento actuando bajo la unción del Señor. Por ejemplo, Pedro, quien estaba en el círculo cercano de Cristo, lo negó tres veces en la noche en que Él fue traicionado (Marcos 14:66-72). Luego, después de que el Señor fuera levantado de entre los muertos por el poder de la unción. Él le preguntó tres veces a Pedro: "¿Me amas?" (ver Juan 21:15-17). Esa fue una unción que Jesús utilizó para que Pedro comenzara a moverse de nuevo. Si recuerda, Pedro predicó el sermón en el Día de Pentecostés, lo cual resultó en más de tres mil almas que se acercaron al Reino (Hechos 2:14-41).

Otra vez en que Pedro y Juan estaban de camino al templo a la hora de la oración, un hombre cojo les pidió dinero. Pedro se detuvo bajo la unción del Señor y, "fijando en él los ojos", le dijo al cojo: "No tengo plata ni oro, pero lo que tengo te doy; en el nombre de Jesucristo de Nazaret, levántate y anda" (Hechos 3:1-6). Luego, la unción se puso en marcha y sucedió un milagro. La historia sigue en que Pedro lo tomó de la mano derecha y lo levantó, y fue sano inmediatamente. La Biblia dice que el hombre saltó, caminó y fue al templo con ellos, alabando a Dios (vv. 7-8).

Si debiera escribir acerca de cada vez que la unción para moverse vino sobre el pueblo de Dios, ¡tendría que escribir al menos varios libros! ¿Por qué? Después de que Jesús resucitó de la muerte, antes de ir a sentarse a la diestra del Padre del cielo, Juan 21:25 declara: "Y hay también otras muchas cosas que hizo Jesús, las cuales si se escribieran una por una, pienso que ni aun en el mundo cabrían los libros que se habrían de escribir". Él llevó a cabo aquellas cosas en un periodo de cuarenta días (Hechos 1:3). Han pasado más de dos mil años desde entonces, y en mi vida Jesús ha hecho tantas cosas grandes que me sentiría obligada a escribir de todas ellas.

¡Ah, sí! Como Amanda dijo en el capítulo 3, ¡la unción de Dios, la unción para funcionar "es un flujo continuo que no se agota, no puede agotarse"! Los altibajos de la vida no pueden obstaculizar el flujo. El paso del tiempo no puede detenerlo. Un corazón, un espíritu o un cuerpo quebrantados no pueden evitar que la unción nos mueva a hacer las obras de Dios. ¿Por qué? Porque la unción se está asegurando de que caminemos en el propósito de Dios, "para dar buenas nuevas a los pobres; [...] sanar a los quebrantados de corazón [...] pregonar libertad a los cautivos, y vista a los ciegos [...] poner en libertad a los oprimidos; predicar el año agradable del Señor" (Lucas 4:18-19).

La condición clave para la unción del Señor

Conozco a un hombre del ministerio que solía ser misionero con las tribus pigmeas en la Nueva Guinea Neerlandesa. Luego de predicar una noche a través de su intérprete, decidió guiarlo a que hicieran una fila de sanidad. Cuando observó que el primer hombre de la fila tenía hongos de pies a cabeza, cambió de opinión. En esa parte de la jungla, los hongos eran altamente contagiosos. Por lo tanto, el misionero regresó a su tienda.

Se asomó después de dos horas y nadie se había movido. Todos continuaban esperando en la fila de oración. Sintiéndose corregido por el Señor (una unción divina), decidió ir a ministrar a la gente y simplemente creerle a Dios. Cuando se acercó al hombre "hongoso", lo tocó apenas con las yemas de sus dos dedos índice a los lados de la cabeza del hombre, donde tenía menos hongos. Entonces, la unción cayó. Cuando lo tocó, el hombre de los hongos brincó hacia él y lo asió, con sus piernas envueltas alrededor de su cintura y sus brazos abrazados de su cuello.

Este misionero describió que el hombre tenía hongos hasta

en los ojos, la boca y en todo su cuerpo. Sin embargo, cuando el poder de Dios lo tocó a través de ese misionero, alabado sea Dios, el hombre fue instantáneamente sanado.

La obediencia es la clave para obrar en la unción. Fue el factor final en la caída del rey Saúl. En 1 Samuel 13:8-15, Saúl se impacientó y se encargó él mismo del sacrificio, en lugar de esperar a que llegara Samuel. Algunos de los hombres de Saúl ya habían comenzado a desertar. Cuando llegó Samuel, Saúl dijo en su propia defensa que se "*esforzó*" para hacer lo que hizo (v. 12, énfasis añadido). Eso es el lado negativo de una "unción para funcionar": hacer lo que parece correcto sin la unción. Samuel reprendió a Saúl, diciéndole que había actuado locamente y no había guardado el mandamiento del Señor. *Escuche: la regla principal para tener autoridad también es estar uno mismo bajo autoridad, y eso comienza al ser obedientes al Señor.*

Incluso Jesús observó que Él no había encontrado una fe tan grande en Israel cuando encontró al centurión en Mateo 8. Cuando Jesús le dijo que iría y sanaría a su siervo, el centurión dijo humildemente: "Señor, no soy digno de que entres bajo mi techo; solamente di la palabra, y mi criado sanará. Porque también yo soy hombre bajo autoridad, y tengo bajo mis órdenes soldados; y digo a éste: Ve, y va; y al otro: Ven, y viene; y a mi siervo: Haz esto, y lo hace" (vv. 8-9). Ahora, esa es una verdadera imagen de la *mansedumbre*, una dulce humildad que demuestra poder bajo control.[10]

De regreso con Saúl, el golpe final llegó cuando desobedeció la palabra del Señor a través de Samuel, para destruir totalmente a los amalecitas (1 Samuel 15:1-3). Saúl tenía la instrucción de atacar al rey Agag y que nadie quedara vivo: "Mata a hombres, mujeres, niños, y aun los de pecho, vacas, ovejas, camellos y asnos" (v. 3). Pero Saúl salvó lo mejor que tenían los amalecitas, incluyendo al rey mismo. Él luego le dijo a Samuel que "el pueblo" había salvado a los animales para sacrificio" (vv. 9, 13-15). Samuel dijo como reproche: "¿Se complace Jehová tanto en los holocaustos y víctimas, como en que se obedezca a las palabras de Jehová? Ciertamente el obedecer es mejor que los sacrificios, y el prestar atención que la grosura de los carneros. Porque como pecado de adivinación es la rebelión, y como ídolos e idolatría la obstinación" (vv. 22-23). Ese mismo día, el Señor le quitó a Saúl el reino de Israel (v. 28).

Amigo, la untura para obrar en la unción de Dios funciona dentro de un marco de obediencia. Dios está más interesado en nuestro carácter que en nuestra comodidad. Él está levantando una generación que *haga lo que Él dice* en la *manera correcta*, lo cual cumplirá su objetivo y le traerá gloria a Él; no edificará nuestro propio orgullo.

En estos últimos días, debemos ser personas y ministros de integridad, honestidad y humildad. Debemos ir más allá de solamente conocer los principios del Reino; debemos también conocer al Rey: su voluntad, sus caminos... su mismo aliento. Y otra vez, esto es posible porque tenemos la unción del Santo y conocemos todas las cosas (1 Juan 2:20). El Señor mismo nos permite poseer un conocimiento de la *verdad*, porque Él es el Dios vivo.

Daniel 11:32 declara: "Con lisonjas seducirá a los violadores del pacto; mas el pueblo que conoce a su Dios se esforzará y actuará". Así que movámonos en la unción con el espíritu correcto y con el poder de lo alto: el "Factor X" de Dios, la unción para movernos que nos lleva a obedecerlo y soltar una unción poderosa en la Tierra. ¡Nunca lo olvide! Usted tiene la unción para fluir en habilidades especiales que han sido hechas a su medida por el mismo Dios que hace la obra en todos nosotros. Usted puede obedecer a Dios y moverse en la unción, ya sea que usted esté trabajando solo o junto con sus hermanos y hermanas en Cristo. Usted puede escuchar, obedecer y fluir en la unción de Dios; sin temor, favorable y ferozmente porque, *¡usted tiene la unción!*

HÁGASE CONMIGO . . .

Dios nos da una santa unción para funcionar, con el fin de que avancemos en su tiempo perfecto, en su camino y obtengamos sus resultados. La unción de Dios es la fuerza motivadora para ponernos a *actuar* en obediencia a su Palabra. Con esto en mente, ¿qué habilidades especiales le ha dado el Señor? Cuando Él le da la unción para obrar en estos dones, ¿usted le obedece inmediatamente? Y cuando el Señor lo mueve para fluir en la unción con sus hermanos y hermanas en Cristo, ¿usted trabaja junto con ellos en un espíritu de unidad o tiene problemas para cooperar con los demás y estar bajo autoridad espiritual?

Tome algunos momentos ahora para considerar en oración cómo permitir que la unción del Señor para funcionar gobierne su caminar espiritual. Asegúrese de agradecerle por los dones especiales que Él le ha dado para servirlo y para traer avance a su Reino. Y arrepiéntase ante el Señor por las veces en que usted ha resistido al Espíritu Santo y extinguido la unción. Dios tiene grandes planes para usted a medida que camine en el propósito que Él tiene para su vida. Le declaro ahora que usted puede conocer a su Dios y hacer hazañas poderosas, porque su "Factor X" está en su interior, listo para ser soltado. *Le digo en el nombre de Jesús: ¡usted tiene la unción!*

nueve

LA UNCIÓN PARA CAMBIAR LA SOCIEDAD Y LA CULTURA

Porque de tal manera amó Dios al mundo, que ha dado a su Hijo unigénito, para que todo aquel que en él cree, no se pierda, mas tenga vida eterna.

—Juan 3:16

Las treinta palabras de este versículo que acaba de leer, son el tema central de la Biblia. Supongo que podríamos llamarlas la "declaración de la misión divina" de Dios. Su propósito manifiesto de enviar a Jesús a llevar a cabo su plan de redención. Juan 3:16 es de lo que se trata la unción. Es por ello que Dios nos lleva a su Reino y comienza a guiarnos a través de un "esto" para llevarnos a "lo". Este breve versículo es el propósito detrás de toda unción para funcionar, inspirada por el Espíritu Santo que el hombre ha conocido.

Dios está derramando su Espíritu por una razón muy específica: almas, gente como usted y como yo. ¡Ah, sí! *Esto* es *lo* que fue hablado por el profeta Joel...¡para un tiempo como este! Dios desea derramar su poder a través de nosotros, no solamente para cambiarnos, sino para ayudarnos a crear una nueva atmósfera—la atmósfera de la unción—para cambiar la cultura a nuestro alrededor, porque su unción destruye todo yugo de esclavitud.

Juan 3:16 también es la razón por la que el diablo no desea que sepamos que estamos ungidos. Él no desea que conozcamos a nuestro Dios, descubramos quienes somos en Cristo y, como un guerrero poderoso en el Espíritu, hagamos obras mayores en el nombre de Jesús para expandir el Reino. Él intentará hacer todo para distraernos del llamado colectivo del cual leímos al principio del capítulo 2, que casualmente comparte el título de este libro: *¡Usted tiene la unción!*

> Por tanto, id, y haced discípulos a todas las naciones, bautizándolos en el nombre del Padre, y del Hijo, y del Espíritu Santo; enseñándoles que guarden todas las cosas que os he mandado; y he aquí yo estoy con vosotros todos los días, hasta el fin del mundo. Amén.
>
> —Mateo 28:19-20

Dios está construyendo su carácter en usted

Se ha dicho sabiamente: "Solamente se necesitan unas cuantas palabras para entrar en la vida conyugal, pero se necesitarán miles de confesiones de amor a través de palabras y acciones para vivir la vida conyugal". De manera similar, entramos a la vida cristiana por la fe en Jesucristo y al confesarlo como Señor y Maestro de nuestra vida; pero se necesita de todo el resto de nuestros días para vivir nuestra confesión diariamente a través de nuestras palabras y hechos. Esto me recuerda las palabras de H. Jackson Brown Jr., el autor de mayor venta del *Pequeño libro de instrucciones para la vida:* "Nuestro carácter es lo que hacemos cuando nadie está mirando".[1]

Somos los agentes de cambio para lo que Dios desea hacer en esta Tierra, para traer un cambio real y duradero, hasta que Jesús venga y tome dominio. ¿Qué se necesitará mientras tanto para cambiar nuestra sociedad y cultura? Dios está llevando a cabo el avivamiento más grande que el mundo haya visto, y si Jesús se retrasa, eso tomará tiempo. Y ahí es donde el carácter divino es probado. Demasiada gente piensa que *tiempo* es una mala palabra, al igual que la palabra *paciencia*; o, qué tal esta palabra: *trabajo*. Al igual que aplicar estas tres cosas construye matrimonios duraderos, se necesita de las tres, aplicadas diariamente, para que el Cuerpo de Cristo cambie a una sociedad desquiciada, simplemente porque la gente necesita a su Salvador.

Pero para que este mundo sane, muchos cristianos tienen que ser sanos ellos mismos. Nosotros no podemos levantar a nadie más hasta que nos levantemos nosotros, y algunas veces, *el estímulo que necesitamos* está tan cerca como el estímulo *que le damos a alguien más*. Me he dado cuenta de que cuando me he sentido abrumada y decaída en mi vida, en el momento que desvío mi mirada de "mí, mí, mí" y enfoco mis pensamientos en alguien más que está peor que yo, es el momento en que las cosas cambian para mí. Ah, por cierto, siempre hay alguien que está peor que nosotros. Solo mire a su alrededor y verá.

Una de las cosas que nos puede ayudar a sanar y encontrar nuestro significado, propósito y nuestro destino—la razón real de nuestra existencia y de por qué Dios nos trajo a este planeta en este tiempo para hacer aquello para lo que Él nos ha llamado específicamente—es la oración. Tenemos que buscar al Señor para descubrir la razón real por la que nacimos, por qué nacimos donde nacimos, con los padres que tenemos. Usted debe buscarlo para descubrir la razón por la que Dios lo hizo a *usted, ¡usted!*

¿Alguna vez ha comprado un libro no por el título, sino por el subtítulo? Las empresas editoriales tienen a personas ayudan a resolver el proceso de comercialización, idean características y estrategias únicas, para ayudarlo a llegar a un título, pero se enfocan especialmente en el subtítulo del libro. Los subtítulos son muy importantes, porque remueven las dudas al tratar de entender el mensaje del libro. Los subtítulos desmenuzan los libros hasta su forma más simple y auténtica.

Uno de esos libros es *Una vida con propósito,* escrito por

el pastor Rick Warren. Ha vendido más de treinta millones de ejemplares.[2] En realidad, el título del libro no es lo que logró vender ese libro. Fue el subtítulo lo que llamó la atención de todos. Plantea la pregunta: "¿Para qué estoy aquí en la Tierra?". Este es el clamor del corazón de toda la gente. Al final del día, esto es lo que todos como seres humanos anhelamos saber, es decir, comprender, sujetar, perseguir y obtener.

¿Está usted realmente "haciendo lo que dice"?

Cierto fin de semana tenía programado ministrar en San Antonio, Texas. Fue justo antes del Día de Acción de Gracias, de manera que todo el centro de la ciudad estaba decorado con cosas maravillosas que hablan de la Navidad para que la familia disfrute, particularmente los niños. Uno de mis lugares favoritos en San Antonio es el River Walk. Como siempre, toda la zona del centro estaba fabulosamente cubierta de decoraciones para las fiestas navideñas, y había mucha gente. Yo estaba muy feliz de estar con mi esposo y mis hijas. Fue un fin de semana muy atareado. Nos unimos con un pastor local para distribuir ropa y juguetes nuevos a los hijos de padres solteros, y al siguiente día, yo ministraría en los tres servicios: dos por la mañana y uno por la noche.

A propósito, volamos de regreso el lunes por la tarde, porque había un gran centro comercial frente al hotel donde nos hospedábamos. Habíamos decidido hacer las compras navideñas con anticipación. Como puede imaginárselo, todos estábamos cansados y listos para irnos a casa cuando llegó la hora del vuelo. El itinerario de vuelo nos programó para ir al Aeropuerto Internacional Harstfield-Jackson de Atlanta, a las 11:00 p. m. aproximadamente, si todo marchaba bien y a tiempo. Luego de llegar y recoger nuestro equipaje, todavía tendríamos que pasar dos horas en carretera para llegar a casa.

De manera que teníamos un pequeño viaje por delante antes

de salir. Increíblemente, llegamos a tiempo a Atlanta. A las 11 en punto, el avión aterrizó y fue directo a nuestra sala de descenso, llegando a la zona de salida a las 11:10 aproximadamente. Cuando comenzamos a apresurarnos hacia el área del tren, esperando y orando que nuestro equipaje hubiera llegado a salvo, muchos viajeros comenzaron a entrar. Me sorprendió ver cuan ajetreado estaba el aeropuerto a esa hora de la noche.

Mientras bajábamos por las escaleras eléctricas para abordar el tren que nos llevaría a la recepción de equipaje, comencé a escuchar la monótona voz computarizada que me era familiar sonar en las bocinas de la terminal dando instrucciones para el horario de trenes. Comenzó: "El tren está saliendo. Las puertas se cerrarán y *no se abrirán* de nuevo. Por favor, aléjese de las puertas". Miré a mi esposo y a mis dos hijas, cuando estábamos a punto de bajar de la escalera eléctrica y dije una palabra: "¡CORRAN!". Tan rápido como pudimos, comenzamos a correr hacia el primer vagón disponible.

Mientras corríamos y saltábamos, intentando llegar a la puerta que obviamente estaba lista para cerrar, observé algo acerca del tren que estaba casi repleto: nadie se estaba moviendo ni intentando hacer espacio para una familia de cuatro que obviamente estaba intentando lo mejor que podía para subirse a *ese* tren. De hecho, todos estaban actuando molestos de que siquiera lo estuviéramos intentando. Dios no lo quiera tendríamos que esperar otros dos minutos para el siguiente tren (sonrisas); sin embargo, estábamos decididos y determinados a abordar *ese* tren.

Con todas nuestras fuerzas, corrimos tan rápido como pudimos, y honestamente, las puertas ya estaban comenzando a cerrar cuando abordó el último de nosotros. Jamie, las niñas y yo estábamos celebrando nuestro pequeño logro (hazaña, carrera, como desee llamarlo). Nos estábamos felicitando, diciendo: "¡Vaya! ¡Hombre! No creí que lo íbamos a lograr", cuando de pronto las cosas comenzaron a suceder en cámara lenta. De la nada, una hermosa chica de color llegó corriendo tan de prisa como podía, incluso más rápido que nosotros. *¿Estaba intentando abordar el tren al que nosotros apenas habíamos podido entrar? ¿Realmente esperaba lograrlo? ¡Desde luego que no!* Pero era verdad, ella iba a hacerlo. Asombrados, todos (nuestra familia y los demás pasajeros) miramos la escena que estaba sucediendo ante nuestros ojos. ¡Esta chica realmente estaba determinada!

Cuando se acercó, las puertas estaban literalmente cerrándose, y ella increíblemente brincó hacia el tren y lo logró, con excepción del abrigo que llevaba, el cual se atoró en las puertas del tren. Fue entonces cuando la monótona voz computarizada sonó: "Algo o alguien está bloqueando la puerta. Por favor, aléjese de la puerta". Una y otra vez, esta voz reverberaba. No sé quién era más ruidoso, la voz computarizada o las voces de la gente que exclamaba y susurraba con desaprobación. Estaban siendo muy groseros. Mientras yacía parada ahí, de pronto dijo: "Estoy atorada, no puedo entrar". Pero lamentablemente, la agitación había tomado presa a la mayoría de la gente que estaba en ese tren, quienes estaban parados ahí completamente disgustados de que esta mujer no hubiera podido esperar unos cuantos minutos, entre ellos mi esposo (perdón, cariño; ¡te amo!).

Al estar ahí mirando esta peligrosa situación, le dije a mi esposo: "¿La ayudarías, por favor?". Ahora yo me estaba molestando por su disgusto. Aunque tengo que admitirlo, él es quien debía llevarnos de vuelta a casa, acostar a las niñas—y la parte más dura—levantarlas antes de las 7:00 a. m. para llevarlas a la escuela *a tiempo*. Esto es algo que mi esposo hace muy bien (¡sonrisas!); ¡yo no me atrevería a quitarle esa unción y ese momento de acercamiento padre-hijas entrometiéndome!

Finalmente, él comprendió lo que estaba sucediendo y llamó a otro caballero, quien también estaba mirando consternado, para que lo ayudara. Juntos, se pusieron uno a cada lado e intentaron ayudar a la mujer a desatorarse. Con un gran tirón la pasaron por entre las puertas para liberarla. *Lo que sucedió después continúa provocándome piel de gallina.* Cuando fue liberada la joven, cayó inmediatamente en mis brazos y comenzó a derramar su corazón sobre mí. "Ah, Judy Jacobs—dijo—. La vi bajar por las escaleras eléctricas. Vi su cabello ondulado y su rostro cuando estaba dando la vuelta, hablando con su familia en las escaleras. Y pensé: 'Esa es la mujer de Dios. Tengo que alcanzarla'. Por favor, ore por mí. Mi familia está deshecha y yo estoy alejada de Dios, y necesito ayuda".

Justo ahí, en ese tren subterráneo, en el Aeropuerto Internacional Hartsfield-Jackson de Atlanta, comencé a imponerle manos y a orar por ella, cuando la gente del tren comenzó a aplaudir. Mi esposo, por otro lado, le estaba dando dinero, buscando en su equipaje de mano discos compactos, DVD o algo...realmente fue algo gracioso y muy aleccionador a la vez.

Ahora, ¿cuál es la moraleja de la historia? Se lo diré. Siempre hay alguien mirándolo, especialmente si usted menciona el nombre de Jesús. Ellos desean ver si todas las cosas que clama y proclama son reales. Es decir, ¡si son de verdad! Ellos desean ver si usted está "haciendo lo que dice" o solamente está "hablando por hablar".

El verdadero cambio debe venir a nuestra sociedad, porque nosotros somos los ungidos que Dios ha elegido para cambiar nuestra cultura. La gente nos mira como "CRIST-ianos". Es verdad lo que se dice de que somos el único Jesús que la mayoría verá. ¿Cómo vamos a alcanzar a estas personas de nuestra nación y grupos alrededor del mundo, y especialmente nuestros vecinos, si nosotros, la Iglesia, no les mostramos a Jesús? Debemos mostrarles *quien es Él* a través del *poder* genuino del Dios Poderoso; es decir, su unción, y especialmente su amor. Jesús dijo: "En esto conocerán todos que sois mis discípulos, si tuviereis amor los unos con los otros" (Juan 13:35).

¿Tiene usted fervor por Dios y su unción?

El libro de Romanos es comúnmente considerado como la exposición más grande de doctrina cristiana de las Escrituras. En esta carta Pablo se tomó el tiempo para exponer acerca de uno de mis versículos favoritos (el cual también es uno de los versículos más desafiantes) del Nuevo Testamento: Romanos 12:11: "En lo que requiere diligencia, no perezosos; fervientes en espíritu, sirviendo al Señor".

Sean tolerantes con mi nueva palabra, pero este posiblemente sea uno de los más "grandormes", no obstante pequeños versículos de la Biblia. Nos da una imagen clara de cómo Dios desea que le sirvamos. Esto me recuerda a Apocalipsis 3:15-16 que dice: "Yo sé todo lo que haces, que no eres ni frío ni caliente. ¡Cómo quisiera que fueras lo uno o lo otro!; pero ya que eres tibio, ni frío ni caliente, ¡te escupiré de mi boca!" (NTV).

En Romanos 12, Pablo nos estaba advirtiendo ser y hacer tres cosas: ser diligentes, ser fervientes y servir.

La palabra *diligencia* viene del término griego *spoudē* (que se pronuncia spu-dei'), el cual significa: "velocidad; envío, ímpetu, seriedad".[3] La redacción de Romanos 12:11 en la Nueva Versión Internacional dice: "Nunca dejen de ser diligentes; antes bien, sirvan al Señor con el fervor que da el Espíritu".

Posiblemente lo mejor que se ha escrito acerca del fervor cristiano venga del obispo J. C. Ryle de Liverpool, Inglaterra. En el siglo XIX, él predicó un sermón titulado "Sea ferviente", el cual afirmaba que el objeto del fervor no puede ser ignorado por ningún estudiante serio de la Palabra:

> El fervor en la religión [o la *relación con Dios*] es un deseo ardiente por agradar a Dios, hacer su voluntad y hacer avanzar su gloria en el mundo, como sea posible. Es el deseo que ningún hombre siente por naturaleza—el cual el Espíritu coloca en el corazón de cada creyente cuando se convierte—; pero como algunos

> creyentes lo sienten más fuertemente que otros, solo ellos pueden llamarse hombres fervientes.
>
> Este deseo es tan fuerte, cuando realmente reina en un hombre, que lo incita a hacer cualquier sacrificio; pasar por cualquier problema; negarse a sí mismo lo que sea necesario; sufrir, trabajar, esforzarse, hacer trabajo duro; sacrificarse y ser sacrificado, e incluso morir; por tan solo poder agradar a Dios y honrar a Cristo.
>
> ...Él solamente ve una cosa, solamente le importa una cosa, él vive por una cosa, él es absorbido por solo una cosa, y esa *única cosa* es agradar a Dios. Ya viva, ya muera; tenga salud o tenga enfermedad; sea rico o sea pobre; agrade al hombre o le provoque ofensa; se le piense sabio o se le considere tonto; reciba la culpa o reciba alabanza; reciba el honor o reciba la vergüenza; al hombre ferviente todo esto no le importa nada. *Él arde por una sola cosa*, y esa sola cosa es agradar a Dios y hacer avanzar la gloria de Dios.[4]

La Biblia nos relata que el profeta Elías fue llevado al cielo en un carro de fuego. Antes de ser llevado, "Elías dijo a Eliseo: Pide lo que quieras que haga por ti, antes que yo sea quitado de ti. Y dijo Eliseo: Te ruego que una doble porción de tu espíritu sea sobre mí. El le dijo: Cosa difícil has pedido. Si me vieres cuando fuere quitado de ti, te será hecho así; mas si no, no" (2 Reyes 2:9-10).

Cuando los caballos y los carros de fuego llegaron para recoger a Elías, *Eliseo lo vio*, e inmediatamente el manto (es decir, el chal o talit de oración) cayeron sobre él (v. 13). Eliseo obtuvo exactamente lo que pidió. Él recibió un manto no solamente en lo natural, sino también en lo sobrenatural. A partir de entonces, adondequiera que iba, todos lo identificaban porque la gente lo relacionaba con Elías, ya que llevaba el manto de Elías (2 Reyes 3:11).

Deseo que sepa que si está buscando profundamente a Dios y está buscando ser diligente para prosperar en su unción, un manto ya está sobre usted para cambiar su cultura y sociedad. Adondequiera que vaya, tome esta unción. Usted la lleva al supermercado, al banco y a la oficina, y a través de la oración, usted literalmente la puede llevar a todo el mundo.

Alguien está lastimado, gimiendo, anhelando la verdad. Alguien está buscando redención y libertad de los temores, el dolor y la angustia. La gente está buscando respuestas reales a los dilemas que enfrentan, y algunas veces dejarán entrar a alguien que parezca tener las respuestas. *Pero la verdad del asunto es esta: nosotros conocemos a Aquel que puede salvarlos, rescatarlos y liberarlos. Su nombre es JESÚS.*

La fe obra por el amor

¿Cómo podemos cambiar nuestra sociedad y cultura? "No sois del mundo" (Juan 15:19). ¡En absoluto! ¡Y no se supone que lo seamos! De acuerdo con Jesús, nosotros somos "la luz del mundo". Una "ciudad asentada sobre un monte" que no puede ser escondida. Nosotros somos la "sal de la tierra" que hace que la gente esté sedienta (ver Mateo 5:13-14). Una de las mejores maneras de ser "sal" y "luz" es amar como Jesús amó. Aquí tenemos algunos ejemplos inspiradores.

Amo a Jeannie, una de nuestros pupilos. Ella es una mujer increíble que vive en el centro de la ciudad de Fort Myers, Florida. Su pasión es alcanzar a las bailarinas de tubo y a sus hijos. Su cabello es puntiagudo y de color púrpura; y a ella le encanta ir a esos lugares. Durante los descansos de los bailarines, ella entra y les da canastos de regalo, artículos de tocador, pequeños regalos para sus hijos y cosas que las ayudarán durante el mes. Muchas de estas mujeres se sienten atrapadas, hasta que Jeannie aparece con esperanza, reparte el amor de Dios y estimula su fe para que puedan tener una vida mejor. Muchas de ellas han dejado el tubo, han sido salvas y se han bautizado. Ellas han pasado su Examen de Desarrollo de Educación General (GED, por sus siglas en inglés) [para acreditar el nivel medio-superior de estudios], han adquirido un oficio y están llevando una vida gozosa y normal. Gente como Jeannie están cambiando su cultura y su sociedad con el amor de Dios.

Aquí tenemos una historia acerca de un hombre llamado William Booth, que comenzó con algo pequeño y construyó una obra poderosa para Dios.

> En 1865, William Booth, un ministro metodista ordenado, ayudado por su esposa, Catherine, formó un grupo evangélico dedicado a predicar a la gente incrédula que vivía en medio de la terrible pobreza en el lado este de Londres.
>
> El ministerio de Booth reconoció la interdependencia de las necesidades materiales, emocionales y espirituales. Además de predicar el evangelio de Jesucristo, Booth se involucró en la alimentación y asilo de las personas hambrientas y sin techo, y en la rehabilitación de alcohólicos.
>
> La congregación de William Booth era desesperadamente pobre. Él predicaba la esperanza y la salvación.
>
> En 1867, Booth solamente tenía 10 trabajadores a tiempo completo. Para 1874, los números habían crecido a 1 000 voluntarios y 42 evangelistas.[5]

Ahora, el Ejército de Salvación está virtualmente activo en todos los rincones del mundo.

> En este nuevo siglo, el Ejército de Salvación está sirviendo a más personas en los Estados Unidos que nunca antes. Ya estamos viendo grandes incrementos en el número de estadounidenses que están buscando las necesidades básicas de la vida: comida, techo y

calor. Aproximadamente 30 millones de personas recibieron ayuda del Ejército de Salvación en 2011, pero la magnitud de la misión que enfrenta el Ejército de Salvación en comunidades a lo largo de Estados Unidos continúa siendo grande.[6]

Lo que comenzó como un hombre y una mujer que deseaban ver la vida de la gente cambiada por el poder de Jesucristo, se desarrolló hasta llegar a ser un mundo de amor y cuidado para gente de más de 160 naciones, con tres mil quinientos millones de voluntarios.[7] *¡Dios siempre está buscando a alguien que sea el agente que traerá el cambio!*

La apóstol Shirley Arnold ha estado llevando a grupos a India durante años para evangelizar. Hace años, cuando su equipo y ella estaban predicando en el "distrito rojo" y hablándole a la gente acerca del amor de Cristo, ella se encontró con una hermosa mujer, sin saber en ese momento que ella no solo era una prostituta, sino también era una "madrota", lo cual significa que tenía muchas chicas bajo su mando, quienes le rendían cuentas y de quienes ella era responsable. Y ella estaba en una grave esclavitud, debido a que tenía que responderle a su proxeneta.

El equipo continuó regresando al mismo lugar y con la misma mujer cada vez que regresaba a esa parte de India. Luego de mucha oración y perseverancia, finalmente se obtuvieron resultados. La madrota fue salva y, lo adivinó, ¡ella llevó a todo el burdel a Jesús! Las chicas salieron de las calles, fueron bautizadas y discipuladas. Ahora, esas mismas mujeres están trayendo a mujeres de las calles al conocimiento salvador de Jesucristo. Tengo todas sus fotografías en mi muro de oración, y cada vez que veo sus hermosos rostros, me hace feliz ver cuan bueno es Dios.

¡Nosotros podemos hacerlo! Nosotros podemos tomar el manto del Señor y llevar salvación, sanidad y liberación a un mundo moribundo: no en nuestra propia fuerza, sino por la unción de Dios que reside en nosotros. *Le digo esto ahora: alguien está esperando para que usted vaya justo donde está, en medio de su "infierno", y lo toque con el amor de Jesús.*

Otro pupilo del Instituto Internacional de Tutela, publicó una historia que nos dio qué pensar. Relata cómo manejamos la presión si estamos afligidos por cosas de la vida o si de verdad *afectamos nuestro ambiente y traemos cambio.* Disfrute esto conmigo. Se titula: "Zanahorias, huevos o café: ¿cuál de ellos es usted?".[8]

> Una joven se acercó a su abuela y le contó acerca de su vida y de que las cosas eran muy difíciles para ella. No sabía cómo lo lograría y deseaba darse por vencida. Estaba cansada de pelear y luchar. Parecía como si un problema se solucionaba y otro surgía.
>
> Su abuela la llevó a la cocina. Llenó tres cacerolas con agua. En la primera puso zanahorias, en la segunda colocó huevos y en la última colocó granos de café. Ella los dejó reposar y hervir sin decir una palabra.
>
> En aproximadamente veinte minutos apagó las hornillas. Ella sacó las zanahorias y las colocó en un tazón. Sacó los huevos y los puso en un tazón. Luego vació el café y lo colocó en un tazón. Volteando hacia su nieta, ella preguntó: "Dime, ¿qué ves?".
>
> "Zanahorias, huevos y café", respondió ella.
>
> La abuela se le acercó y le pidió que sintiera las zanahorias. Lo hizo y notó que estaban muy suaves. Luego le pidió que sacara un huevo y lo quebrara.
>
> Luego de retirar la cáscara, ella observó el huevo duro.
>
> Finalmente, ella le pidió que probara el café. La nieta sonrió cuando probó su rica fragancia. La nieta preguntó entonces: "¿Cuál es el objetivo, abuela?".
>
> Su abuela explicó que cada uno de esos objetos había

enfrentado la misma adversidad—agua hirviendo—, pero cada uno reaccionó diferente.

La zanahoria entró dura e inflexible. Sin embargo, luego de ser sujeta al agua hirviente, se suavizó y se hizo débil. El huevo había sido frágil. Su delgada capa exterior había protegido el líquido en su interior. Pero luego de reposar en agua hirviente, su interior se endureció.

Los granos de café fueron únicos, sin embargo. Luego de haber estado en agua hirviente, habían cambiado el agua.

"¿Cuál eres tú?—le preguntó a su nieta—. Cuando la adversidad golpea a tu puerta, ¿cómo respondes? ¿Eres una zanahoria, un huevo o un grano de café?".

Piensa en esto: ¿Cuál soy yo? ¿Soy la zanahoria que parece fuerte, pero con el dolor y la adversidad languidezco, me vuelvo suave y pierdo mi fuerza? ¿Soy el huevo que comienza con un corazón maleable, pero que cambia con el calor? ¿Tuve un espíritu fluido, pero luego de una muerte, una ruptura, una pesadumbre económica o alguna prueba me endurezco y me pongo tieso? ¿Mi cascarón luce igual, pero por dentro estoy amargado y duro, con un espíritu tieso y un corazón endurecido?

¿O soy como el grano de café? El grano en realidad cambia el agua caliente, la mera circunstancia que trae el dolor. Cuando el agua se calienta, suelta su fragancia y su sabor.

Si usted es como el grano, cuando las cosas están en su peor momento, usted mejora y cambia la situación que lo rodea. Cuando las horas son las peores y las pruebas son las más grandes, ¿usted se eleva a otro nivel?

—Autor desconocido

Cuando pienso en esta historia, me recuerda a 2 Corintios 12:10, que declara: "Porque cuando soy débil, entonces soy fuerte". Lo diré otra vez: somos creados para ir delante de Dios en verdadera adoración y cambiar la atmósfera que nos rodea. ¡Usted puede hacerlo! ¡Usted tiene la unción!

Siempre recuerde que nuestros desafíos nunca se tratan de nosotros. Otra persona está más lastimada que nosotros; posiblemente alguien que conocemos, alguien que necesita más de lo que podemos imaginar. Debemos ser quienes cambien esta sociedad y cultura...y siempre comienza con la persona que está frente a nosotros, aquel que está más cercano.

Cuando pienso en la siguiente historia, me acuerdo de las palabras de J. Hudson Taylor, quien dijo: "La gran comisión no es una opción a considerar, sino un mandamiento que obedecer".[9] Lea conmigo esta historia.

Todo se trata de Juan 3:16

La historia la cuenta un joven de una ciudad del norte, que había perdido a sus padres en un accidente automovilístico, se quedó desamparado. El joven iba todos los días a vender diarios para ayudarse a obtener comida para alimentarse.

Un día frío en particular, con varios pies de nieve en el suelo, estaba afuera como normalmente, intentando vender sus diarios. Debido al clima frío, no estaba vendiendo muchos diarios. Se acercó caminando a un policía y le preguntó: "Señor, ¿no sabe dónde podría encontrar un chico pobre un lugar cálido para dormir esta noche? Yo duermo en una caja a la vuelta de la esquina, en el callejón; y está muy frío ahí esta noche. Sería lindo tener un lugar cálido para dormir".

El policía miró al chico y le dijo: "Ve derecho por la calle hacia la casa blanca grande y toca la puerta. Cuando te abran, diles: 'Juan 3:16', y ellos te dejarán entrar".

Esto le pareció muy extraño al chico, pero había algo en los ojos del policía que sintió que podía confiar en él, de manera que le prometió que lo haría, y se fue.

Caminó por la calle hasta que encontró la gran casa blanca. Con vacilación, se acercó a la puerta y reunió suficiente valor para tocar el timbre. Luego de un breve momento, como era de esperarse, una linda mujer anciana salió a la puerta y le dijo: "Sí, ¿te puedo ayudar?".

El joven siguió las instrucciones que había recibido y dijo muy suave y cautelosamente: "Juan 3:16". Inmediatamente, la expresión de la mujer cambió. Ella le dijo: "Ah, Dios mío, entra, entra; está muy frío afuera. Ven y caliéntate junto a la linda chimenea, y ya regreso".

Él estaba asombrado por lo que acababa de ocurrir. Se dirigió rápidamente a la flameante chimenea que se sentía increíblemente grandiosa. Él no podía recordar la última vez que se sintió tibio y tranquilo. Él pensó: "Juan 3:16... no lo comprendo, pero seguramente hace que un chico se sienta tibio".

En lo que parecieron unos cuantos minutos, la mujer regresó y lo llevó a su encantador comedor, donde lo estaba esperando un tazón gigante de sopa caliente de pollo, junto con fresco pan caliente. La mujer dijo: "Come tanto como quieras, hay mucha más comida de donde vino esta". El chico comió y comió, hasta que no pudo comer otro bocado. Una vez más pensó: "Juan 3:16... todavía no lo comprendo, pero seguramente hace que un chico se sienta satisfecho".

La noche estaba avanzando y la mujer lo llevó arriba a una gran tina llena de agua tibia. Cuando se sumergió en el agua tibia y jabonosa, pensó: "Juan 3:16... aunque no lo entiendo, seguramente hace que un chico se sienta limpio".

Cuando había terminado y se había vestido, la mujer vino a recogerlo. Ella lo llevó a una habitación y lo arropó en una gran cama de plumas, jalando las cubiertas hasta su cuello y dándole un beso de buenas noches. Mientras estaba en la oscuridad, a punto de dormirse, pensó: "Juan 3:16... todavía no lo comprendo, pero seguramente hace que un chico se sienta descansado".

La mañana siguiente cuando despertó, la mujer vino y lo llevó de vuelta a la mesa llena de comida. Luego de que comió, ella se sentó junto a él, con una Biblia en la mano, y le preguntó: "¿Comprendes Juan 3:16?".

"No señora—respondió—. La primera vez que lo escuché fue anoche, cuando el policía me dijo que le dijera a usted 'Juan 3:16'".

Ella abrió la Biblia en Juan 3:16 y le explicó acerca de Jesús. Él le entregó su vida a Jesús justo ahí, pensando: "Juan 3:16... no lo entiendo completamente, pero seguramente hace que un chico se sienta seguro".[10]

No se engañe, malinterprete ni se confunda; la unción todavía se trata de Juan 3:16: "*Porque de tal manera amó Dios al mundo, que ha dado a su Hijo unigénito, para que todo aquel que en él cree, no se pierda, mas tenga vida eterna*" (énfasis añadido). Nosotros tenemos la habilidad y la capacidad, a través del poder del Espíritu Santo, de cambiar la vida de la gente, y mientras tanto, Dios puede absolutamente cambiar nuestra sociedad y nuestra cultura a través de un vaso rendido a Él. ¡Ese vaso es usted!

HÁGASE CONMIGO...

¿Alguna vez ha considerado que usted ha sido ungido con el amor y la generosidad del Dios poderoso? ¡Ah, sí, usted ha sido ungido! Sucedió cuando creyó por primera vez en Jesucristo, cuando experimentó por primera vez su amor y bondad. Conocer a Dios y caminar en la unción se trata de Juan 3:16. El amor que está dentro de usted es tan poderoso que puede cambiar la sociedad y la cultura en la que vive; comenzando con la gente que está más cerca de usted. Usted, *sí; usted,* está ungido para mostrar el amor de Dios al dar libre y consistentemente el amor de Dios a los demás.

Ahora, cuando piensa en las historias de este capítulo, ¿cómo abrazó este llamado y propósito santos para su vida? ¿Ha estado "haciendo lo que dice", "hablando por hablar", muy ocupado o muy cansado como para hacer una pausa y ayudar a alguien en necesidad? ¿Es usted una zanahoria, un huevo o un grano de café con respecto a manejar el estrés y las presiones de la vida? ¿Usted, por el poder de la unción, está cambiando la atmósfera que lo rodea?

Cual sea su respuesta, oro que por el resto de sus días, el fervor del Señor encienda una pasión santa en usted, una pasión que queme tanto que despierte todos los días ardiendo por vivir la misión de Dios…incluso si nadie más está mirando. Oro esto, mi amigo, ¡porque usted ha sido ungido para un tiempo como este!

diez

LA UNCIÓN DE LA TUTELA

Porque deseo veros, para comunicaros algún don espiritual, a fin de que seáis confirmados; esto es, para ser mutuamente confortados por la fe que nos es común a vosotros y a mí.

—ROMANOS 1:11-12

A PARTIR DE TODO lo que ha leído, meditado, declarado y en lo que ha trabajado hasta este punto, es más que obvio que: ¡debido a que usted le pertenece a Jesucristo, usted está ungido! Como lo ha comprendido a lo largo de este libro, especialmente en el capítulo 9, Dios desea que impacte a los demás a través del poder de su unción. *Eso significa, como Pablo, cuyas palabras aparecen arriba, que usted está llamado a ser un mentor.* Le tengo buenas noticias: usted ya posee la más poderosa unción de la tutela que hay, porque el mentor maestro, Jesucristo, vive en usted.

Ahora veamos más a profundidad el nombre que es sobre todo nombre. Bien, usted necesita comprender que "Cristo" no es el apellido de Jesús (sonrisas). El nombre *Jesús* viene de la palabra griega *Iēsous* (que se pronuncia i-ei-sus'), la cual es una transliteración proveniente del hebreo y significa: "Jehová es salvación".[1] En griego, el nombre *Cristo* viene de la palabra *Cristos* (que se pronuncia kris-tos'), y significa "ungido; es decir, el Mesías".[2] En esencia, cuando decimos el nombre *Jesucristo*, estamos proclamando: "Mesías Ungido de

Salvación". ¡Me encanta cómo suenan esas palabras! A través de la unción de Jesús, nosotros somos mucho más de lo que podríamos ser sin Él.

El obispo Harry R. Jackson, pastor de Hope Christian Church, de Beltsville, Maryland, comparte esta maravillosa revelación acerca de la unción que Jesús nos ha extendido:

> La unción es el poder de Dios que nos permite exceder nuestras habilidades naturales y deja un fruto duradero que honra a Jesucristo. Se recibe principalmente por fe y opera en un plano único de gracia. Le da gloria a Dios en varias maneras. Primero que nada, es parte del testimonio de la realidad de Cristo en la Tierra. Es a lo que Pablo se refiere en 1 Corintios 1:27, que Dios eligió lo necio para avergonzar a los sabios. En segundo lugar, la unción también es una de las diferentes cosas de las que habla Pablo en 1 Corintios 1:30-31, cuando dice que Jesucristo, el cual nos ha sido hecho por Dios sabiduría, justificación, santidad y redención [...] El que se gloría, gloríese en el Señor.[3]

¡Amén! Por lo que Cristo ha hecho, no hay nada más que podamos hacer para gloriarnos en el Señor. El "Mesías Ungido de Salvación" lo ha hecho todo... Él se hizo sabiduría de Dios para nosotros y nos ha dado justificación, santificación y redención gratuitamente. Él terminó su obra en el Calvario, y debido a que Él es el mayor mentor que el mundo haya conocido, *Jesús se aseguró de que su obra continuara* al enviarnos al Espíritu Santo, el "Espíritu de verdad", el Consolador que vive en nosotros. Tal como Jesús lo prometió, el Espíritu Santo nos guía a toda la verdad, nos enseña todas las cosas y nos dice lo que está por venir (ver Juan 14:17; 16:7-15).

Sí, cuando Jesús murió en la cruz *una vez y para siempre*, Él se aseguró de que *todos* los que lo recibieran, tuvieran la ayuda que necesitaran cada día de su vida, durante el resto de su vida. Él puso en marcha el plan, poco después de decirles a los discípulos en Hechos 1:8: "Pero recibiréis poder, cuando haya venido sobre vosotros el Espíritu Santo, y me seréis testigos…". Luego de declarar el plan del Padre, Jesús ascendió al cielo (v. 9). ¿Por qué? Era tiempo de que los discípulos (sus pupilos) continuaran a partir de ahí. *¡Es por ello que la llamo la unción de la tutela!* Le digo esto: la prueba de la tutela perfecta de Jesucristo es la "unción de la tutela" que fluye del Espíritu Santo a través de usted y yo.

¿QUIÉN, YO? ¿UN MENTOR?

Lo que me encanta de la tutela es que es *portátil.* Jesús, El Ungido, cambió la atmósfera adondequiera que iba, a lo largo de su ministerio: guiando a los discípulos, enseñando, predicando, orando y llevando a cabo señales, maravillas y prodigios. Eso significa que usted puede llevar la unción adondequiera que vaya. Si usted lleva a Jesús consigo (¡y lo lleva!), usted lleva su unción consigo también.

Primera de Juan 2:27 declara: "Pero la unción que vosotros recibisteis de él permanece en vosotros, y no tenéis necesidad de que nadie os enseñe; así como la unción misma os enseña todas las cosas, y es verdadera, y no es mentira, según ella os ha enseñado, permaneced en él". La "unción" en este versículo habla del Espíritu Santo.

Lamentablemente, hay mucha gente que desea ser instruida por mentores, pero cuando llega el momento, no desean que nadie les diga que salgan de su zona de comodidad. Y también hay aquellos que necesitan estar derramando su corazón, su vida y sus experiencias sobre los demás, pero se encuentran preocupados por su propios problemas y necesidades.

Escuché al obispo Jakes dar una definición de la palabra *tutela*, y nunca la he olvidado. Él dijo que era: "Hombres haciendo turismo en su vida". ¿Lo entendió? Como dije antes, si usted clama el nombre de Jesús, siempre hay alguien mirándolo.

Alguien, en algún lugar, está observándolo como en un *tour* y mirando cada uno de sus movimientos. Mi esposo a menudo les recuerda a los padres piadosos de nuestra iglesia que ellos también tienen una iglesia. Se llama familia. David dijo: "Viviré con integridad en mi propio hogar" (Salmos 101:2, NTV). Ahí es donde todo comienza, amigo, justo ahí en su hogar.

Pablo dijo en 1 Corintios 11:1: "Sed imitadores de mí, así como yo de Cristo". Pablo dio la instrucción y el prerrequisito en la misma oración. Si el liderazgo bajo el que se encuentra comienza a "irse para abajo" y no está siguiendo la Palabra de Dios (la cual es nuestra autoridad final), no se salga caminando, *¡corra!* Ahora, no estoy hablando necesariamente de los familiares. Si un familiar—un esposo, un hijo, una hija o algún ser querido—cae en error, existe esa malísima palabra que tiene que poner en práctica para lograrlo: *¡trabajar!* ¡Agh! Qué palabra tan fea. A nadie le gusta trabajar.

El libro de Hebreos registra:

> Hace tanto que son creyentes que ya deberían estar enseñando a otros. En cambio, necesitan que alguien vuelva a enseñarles las cosas básicas de la palabra de Dios. Son como niños pequeños que necesitan leche y no pueden comer alimento sólido. Pues el que se alimenta de leche sigue siendo bebé y no sabe cómo hacer lo correcto. El alimento sólido es para los que son maduros, los que a fuerza de práctica están capacitados para distinguir entre lo bueno y lo malo.
>
> —HEBREOS 5:12-14, NTV

Si usted está llevando una vida de verdadera adoración al Señor, usted sabe la diferencia entre lo bueno y lo malo. Usted solo necesita creerle a Dios, atender al llamado y someterse a la unción de la tutela. Permita que fluya a través de usted hacia los demás. Comuníquese, razone, ore, lea la Palabra...haga lo que El Ungido lo guíe a hacer, para que alguien más pueda trepar más alto y comenzar a fluir en el propósito de Dios para su vida. Y aquí hay otra cosa: ¡alguien tiene que *madurar!* Posiblemente también sea usted. ¡Amén!

Dios declaró en Salmos 101:6: "Buscaré a personas fieles para que sean mis compañeros", (NTV). La tutela supone mucho trabajo. Se necesita de gente que esté resuelta al hecho de que tienen un propósito en Dios. Estas son personas con una mente decidida que declara: "Yo voy a hacer todo lo posible para que Dios sea 'mi todo'". ¿Entonces qué está esperando? *¡Es tiempo!* ¡Levántese de sus rodillas, arremánguese la camisa y vaya a trabajar! Le declaro que usted prosperará en esta unción a medida que le crea a Dios y dé el primer paso de fe.

UN DIAMANTE EN BRUTO

Ella vino de Blantyre, Malaui, en África Central. Su nombre es Martha Nantoka. Martha nos había visto ministrar en una transmisión de World Harvest Church vía internet, donde el pastor Rod Parsley sirve como pastor principal, en Columbus, Ohio. Nosotros fuimos los invitados de esa reunión de Dominion Camp en 2004.

Me pidieron dar la Palabra en uno de los servicios vespertino. Había una gran multitud y yo estaba emocionada de tener el honor distintivo de ministrar en ese grandioso congreso. Pero antes de hacerlo, procedí a promover e invitar a la gente a nuestro Instituto Internacional de Tutela (IIOM, por sus siglas en inglés) que comenzaría pronto. Mire, el IIOM (como me referiré a él en adelante) es una de mis pasiones más fervientes. Me fascina cantar y ministrar a través de la Palabra de Dios predicada en cada oportunidad que tengo. (Si usted me conoce, sabe que me fascina cantar). He estado cantando desde que comencé a hablar. Además, a diferencia de mucha gente que conozco, realmente disfruto hacer televisión y alcanzar a multitudes de personas. Pero si desea hablar de mi *verdadera pasión*, entonces tendrá que ser de la *tutela*.

Y así fue como conocí a Martha. Cuando estaba explicando en el escenario qué era IIOM, su visión y lo que representaba, capté la atención de Martha. Cuando miró la transmisión vía internet, ella se interesó cada vez más, tanto que obtuvo toda la información y nos contactó al poco tiempo de yo haber regresado a casa del congreso.

Durante un tiempo, ella había estado sumamente interesada en localizar a un mentor. En ese tiempo, estaba pastoreando una iglesia en Malaui, mientras que su esposo, Roy, se encontraba en los Estados Unidos haciendo un doctorado en teología. *Solo había un problema: Martha se sentía menos que adecuada para pastorear una iglesia.* Luego de mucha oración, ella sintió que necesitaba desesperadamente un mentor, y entonces comenzó a orar y ayunar, y a buscar al Señor para que le indicará qué hacer.

Por la voluntad de Dios, Martha sintió en su corazón que involucrarse en el IIOM era lo que debía hacer. Con la bendición de su esposo, investigó, y cuando se puso en contacto con nuestra oficina, no tenía dinero ni medios para venir, pero tenía un hambre verdadera por aprender y para ser enseñable. Mi esposo, los mentores de IIOM y yo, acordamos que debíamos pagarle el vuelo y encargarnos de sus gastos mientras estuviera en nuestra ciudad durante cinco días. Deseábamos hacer una inversión en esta hermosa sierva de Cristo. Cuando llegó, era tan tímida que no miraba a nadie a los ojos. Inclinaba su cabeza y constantemente se inclinaba ante mí, sin importar cuántas veces le dijera: "Martha, no tienes que inclinarte ante mí. Martha, míreme a los ojos". Sé que mucho de eso tenía que ver con su cultura, y estaba muy agradecida por la oportunidad. Ella deseaba mostrar su gratitud, pero nosotros necesitábamos que esta poderosa mujer de Dios *creyera* que ella *realmente era* una poderosa mujer de Dios y que estaba *ungida*.

Cuando comenzamos a impartirle a Martha, junto con otros oradores dinámicos a quienes habíamos reunido para estas sesiones, me aseguré de mantenerla muy cerca. Dios puso su mano sobre ella y yo pude verlo. *Un mentor ve lo que no se puede ver y escucha lo que no se puede escuchar.* ¿Qué veía yo en lo natural? Veía a una mujer morena, delgada, de cara redonda, con desesperación en los ojos por lo sobrenatural. Sus hombros estaban caídos, su espalda estaba encorvada y su cabeza agachada; pero había más en esta mujer y yo lo sabía.

¿Qué vi en el Espíritu y en la unción? ¡Vi una mujer gigante, con la cabeza como de pedernal, los hombros erguidos, la cabeza recta, ojos penetrantes llenos del poder de Dios! Vi un vaso ungido de Jehová Dios viviente que pisoteaba al diablo y destruía demonios. Vi un "diamante en bruto", un vaso tan "audaz como un león".

Permítame explicarle. Vi todo esto en el Espíritu, y créame cuando le digo que no estaba ahí en lo natural. Lo que me encanta de Dios es que Él nos ve así a todos. Si el Señor me juzgara por lo que otros ven en mí, o incluso por lo que yo pude ver en mí misma, usted nunca habría escuchado de mí, mucho menos estaría leyendo este libro. *¡Pero mire lo que hizo Dios!* Él no nos juzga de acuerdo con los estándares del hombre, sino de acuerdo con sus propios estándares. El hombre mira lo exterior, pero Dios mira el corazón (1 Samuel 16:7).

La Biblia declara en 1 Samuel 10:6 que Samuel le dijo a Saúl: "En ese momento el Espíritu del Señor vendrá poderosamente sobre ti y profetizarás con ellos. Serás transformado en una persona diferente". Esto es exactamente lo que le sucedió a Martha. Entre más venía al IIOM, Dios comenzó a hacer una obra increíble en su vida y en la vida de quienes la rodeaban.

Más tarde, ella y su esposo decidieron llevar a la familia a los Estados Unidos para mantener a la familia unida e intacta. De manera que se mudó al norte y continuó asistiendo a los eventos principales e intensivos del IIOM a lo largo del año. Recuerdo un evento en particular en que nuestro invitado especial era el exeditor de la revista *Charisma,* Lee Grady. Fue una noche poderosa, ya que Lee ministró acerca de la gran comisión. Cuando llegó al final del mensaje, el Espíritu Santo comenzó a moverse poderosamente en la gente. Lee recibió la palabra del Señor y comenzó a declararla. Él profetizó que había alguien en el lugar a quien Dios iba a usar poderosamente en África, y luego lanzó una invitación y ordenó que quien sintiera el llamado a ir a África pasara al frente.

Varias personas pasaron al frente para recibir oración, y Martha fue una de ellas, respondiendo al llamado sobre su vida. Lee Grady comenzó a orar por todos aquellos que sentían el llamado a África, hasta que llegó con Martha y comenzó a orar por ella. De pronto, fue sobrecogida por el Espíritu de Dios y tumbada, y cuando digo tumbada me refiero a que cayó en el Espíritu. Tanto así que horas después de terminado el servicio y de que casi todos se habían marchado del edificio, ella continuaba tirada en el suelo, y el Espíritu de Dios estaba recorriendo su cuerpo. Varias personas tuvieron literalmente que levantarla del suelo. Pudieron levantarla, subirla al coche y luego, la recostaron suavemente para poder regresarla a su habitación. Ella se levantó al día siguiente con cosas maravillosas que decir.

Martha testificó el hecho de que había tenido un encuentro con Dios y que fue el encuentro de su vida. Habló de haber visto una visión en que iba de aldea en aldea, mostrando la película *La pasión de Cristo*. Ella dijo que Dios le había dicho que si obedecía, le daría muchas naciones de África. Martha estaba tan emocionada de regresar a casa y compartir la visión con su esposo. De igual manera, él se emocionó cuando ella le compartió la asombrosa visión de Dios y ella comenzó inmediatamente a arreglar una cita con el obispo presidente.

Finalmente llegó el día de compartir esa increíble visión con alguien que creían los enviaría con la bendición de ir y llevar a cabo la obra del Señor. Con lo que ellos en realidad se encontraron fue lo opuesto. Su obispo les dijo: "Déjenme orar al respecto durante tres días; regresen y les diré lo que Dios dijo".

Pasaron tres días, y ellos regresaron a su oficina. Él fue al grano. "Lo siento, hermana Martha, no puedo dejar que regresen a África a hacer las cosas que está pidiendo, porque usted es una mujer y yo no puedo permitir que vaya". Martha y el pastor Roy permanecieron asombrados e incrédulos. Luego, la autoridad y la audacia de Dios vinieron sobre la hermana Martha.

Con todo el respecto con el que se pudo armar, ella le dijo al obispo: "Con todo el respeto que se merece, señor, mi esposo me ha dado permiso y Dios es quien ha puesto esto en mi corazón. Un día, yo tendré que darle cuentas a Él, así que debo obedecer a Dios en lugar de al hombre".

Con eso, se marcharon de su oficina y no han regresado desde entonces. Eso sucedió hace seis años y, hasta ahora, ha visto a más de un millón de personas venir a Jesús. También ha ayudado a establecer legislaciones que dictan que ningún niño puede ser vendido a personas mayores para su satisfacción, y que, si alguien es sorprendido en ello, pasará cincuenta años en prisión. Los hermosos niños y chicas jóvenes han sido rescatados por la unción que hay en la vida de esta mujer. Lo que se puede hacer en obediencia a la unción del Espíritu Santo, permanece para ser visto. Dios está buscando a gente que esté *dispuesta* y que sea *obediente*.

TUTELA = DISCIPULADO

Como mentores e instructores en el tiempo que estamos viviendo ahora, necesitamos ver más allá de nuestras propias comodidades y lujos. Todavía tenemos un mundo perdido por ganar, y si nos disponemos a llevar a cabo ese propósito, vamos a tener que entrenar e instruir a un gran ejército. Necesitamos que se preparen y estén listos muy rápidamente para lo que está por venir. Se necesitará de que todos los creyentes confíen en Dios y alcancen a otros, para llevar a cabo la unción de la tutela. El apóstol Juan escribió:

> Os escribo a vosotros, hijitos, porque vuestros pecados os han sido perdonados por su nombre. Os escribo a vosotros, padres, porque conocéis al que es *desde el principio* [...] Os he escrito a vosotros, jóvenes, porque sois *fuertes*, y la palabra de Dios *permanece* en vosotros, y habéis *vencido* al maligno.
>
> —1 JUAN 2:12-14, ÉNFASIS AÑADIDO

Un comentario de la *New Spirit-Filled Life Bible* [Biblia Vida nueva llena del Espíritu], editada por Jack Hayford, nos da más revelación de este proceso y de por qué Dios ha llamado y ungido a cada creyente para convertirse en mentor:

> Cuando un bebé nace biológicamente, tiene todo lo que necesita para llegar a ser adulto. Solamente tiene que crecer para serlo. Lo mismo sucede con nuestro progreso espiritual. El crecimiento que viene de Dios es un viaje providencial para convertirnos en lo que ya somos. Como infantes o "niños pequeños", nos emociona la novedad de nuestra relación con Dios. Pero a medida que nos alimentamos de la palabra (1 Pedro 2:2) aprendemos que hay más en la salvación que el perdón de nuestros pecados. Pasamos de nuestra infancia hacia la vida adulta de desafío y victoria como gente que vive diariamente por fe (2 Corintios 5:7). Finalmente, la "paternidad" es una designación dada a los santos que han conocido a Dios como amigo. Los padres conocen el gozo y la paz de la intimidad con el Señor y el esfuerzo para comenzar a producir hijos espirituales a través del proceso amoroso del discipulado (Mateo 28:19, 20).[4]

La verdadera tutela: Ayudarse unos a otros a salir adelante

Algunas veces nos embotamos tanto en los términos religiosos y en los rígidos sistemas formales, que olvidamos que la tutela es un proceso normal de la vida diaria. *Dios lo hace simple: a medida que Él nos hace crecer, nosotros ayudamos a otros a crecer.* Los padres aprendemos esto al educar a nuestros hijos, los trabajadores lo aplican al elevarse en la escala corporativa, y como creyentes, siempre debemos estar conscientes de que mientras *elevemos la mirada* y *nos movamos* en las cosas de Dios, debemos *retroceder* para darle una mano de ayuda a alguien. Una cosa es segura: todos *obtenemos lo que necesitamos* y *llegamos a donde nos dirigimos,* cuando hacemos las cosas juntos.

Es un privilegio cuando Dios nos confía lo que más atesora: *la gente.* Él ama a la gente tan profundamente que nos enseña lo que necesitamos saber, para que en el momento indicado podamos ayudar a alguien en necesidad. Isaías 50:4 dice: "El Señor omnipotente me ha concedido tener una lengua instruida, para sostener con mi palabra al fatigado. Todas las mañanas me despierta, y también me despierta el oído, para que escuche como los discípulos" (NVI).

Ha sido un privilegio y un honor poder dirigir a cientos de personas de Dios que pasan por el IIOM. Yo no lo he hecho sola. Nadie hace nada valioso por sí mismo. Jamie y yo hemos tenido hombres y mujeres muy fuertes y poderosos—profesionistas, madres, amas de casa y gente que ama a la gente—que nos ayudan a ver vidas cambiadas, visiones estiradas y metas ministeriales alcanzadas. Esto continúa siendo mi pasión más grande.

Me encanta el dicho anónimo: *Dios no nos ha llamado para ver por encima del otro, sino para ayudar al otro a salir adelante.* ¡Ah, sí! A eso se reduce la enseñanza: ayudar a la gente a superar las cosas que los están deteniendo, retrayendo o atorando.

Algunas de las personas a las que Dios lo ha llamado a enseñar están en su propio hogar: ese hijo o hija, sobrino o sobrina, u otro familiar. También hay otras personas con las que se encuentra regularmente: un amigo del trabajo, un niño o adolescente de la iglesia, una madre soltera, una pareja joven...la lista continúa. *¿En quién desea Dios que usted se derrame?* El enemigo de nuestra alma desea que pensemos que no somos eficaces para alcanzar a nuestros propios hijos y a la gente que más amamos; pero como sabemos, él es un mentiroso. La siguiente historia es una evidencia de este hecho:

> Una madre afectó la vida de su hijo en maneras que, en su momento, impactaron a millones de personas en los Estados Unidos. El padre del niño abusaba del alcohol, no obstante, a pesar de ello, su madre constantemente le repetía a su hijo una y otra vez, una frase simple. Ella decía: "Dios tiene un plan para tu vida. Hay propósito y valor en cada vida". Este hombre creció y se convirtió en un hombre "cuya alma podía ser escuchada en su voz", un hombre con la meta personal en la vida de "animar a quienes se encontraba". Y, cuando recientemente me encontraba mirando el funeral de este hombre en la televisión, quedé cautivada al considerar el impacto de la visión de su madre para un noble propósito de vida. Una inscripción en la fachada de la biblioteca que fue construida en su honor dice: "Hay propósito y valor en cada vida". La madre del presidente Ronald Reagan plantó semillas de un propósito noble en su vida.
>
> De pequeño, Ronald Reagan se mudó por todos los Estados Unidos, por causa del estilo de vida abusivo de su padre. Sin embargo, el mensaje firme de esperanza de su madre, lo influyó más profundamente que lo que lo hirió su padre abusivo.[5]

Leí una cita de John Maxwell que es tan poderosa que deseo que mis hijas, la familia de mi iglesia y especialmente la familia del IIOM la conozcan. Él dijo: "Quiero marcar una diferencia con gente que esté marcando una diferencia, haciendo algo que marque la diferencia en un tiempo en que marque la diferencia".[6]

Nosotros somos quienes vamos a marcar una diferencia en nuestra cultura y sociedad. *¿Qué legado dejaremos? ¿Quién nos seguirá? ¿Qué tipo de huella y testimonio estamos dejando atrás?* La Biblia nos dice que sin visión, el pueblo perece (Proverbios 29:18). Alguien dijo: "Un sueño es algo que ves con los ojos cerrados. Una visión es lo que ves con los ojos abiertos". ¡Vamos, abra esos ojos y haga que alguien venga a su lado y lo vea con usted! Mejor aún, *usted* conviértase en "el que ve la visión" de alguien más y ayúdelo a llevarla a cabo; todo para la gloria de Dios.

¡USTED PUEDE SER UN FDE EN LA UNCIÓN DE LA TUTELA!

Finalmente, lo animo a convertirse en un cristiano "FDE". Estoy hablando de las siglas:

F: Fiel

D: Disponible

E: Enseñable

- Sea fiel al llamado que Dios ha hecho a su vida. David dijo: "Señor, ¿dónde están los fieles? Aquellos que se apegan a algo y lo hacen con excelencia y bien a la primera. La gente de la que puedes depender. ¿Dónde están? Están desapareciendo de la Tierra" (Salmos 12:1, paráfrasis del autor).
- Esté disponible. Isaías escuchó decir al Señor: "¿Quién irá por nosotros?". Su respuesta fue:

"Heme aquí, envíame a mí" (Isaías 6:8). Dios siempre utiliza a la gente disponible, y a menudo será la gente ocupada. Los médicos, abogados, recolectores de impuestos, pescadores... todos eran personas ocupadas. Dios está buscando a alguien que diga la sencilla palabra *sí*.

- Sea enseñable. Como sabemos, para que un niño se convierta en un adulto exitoso, él debe estar constantemente en un proceso de aprendizaje, ser instruido por maestros, padres y familiares, predicadores y tutores, y por la vida. Nosotros debemos ser enseñables, porque Dios no puede enseñarle nada a un sabelotodo. Algo que usted siempre hará hasta que Jesús regrese es aprender. Yo nunca llego al punto en que siento que lo sé todo. Cuando Jesús quiso mostrarle a la gente cómo lucía el Reino de los cielos, Él les mostró a un niño. Luego dijo: "El que no recibe el reino de Dios como un niño, no entrará en él" (Lucas 18:17).

La unción de la tutela está sobre usted; no solamente para convertirse en mentor, sino también para que usted sea enseñado. De cualquier manera, usted debe ser un cristiano "FDE" para progresar en esta unción. ¡Así que, vamos, devore la Palabra de Dios y siga obedientemente la dirección del Espíritu Santo! Usted está llamado a ser mentor.

HÁGASE CONMIGO . . .

Jesucristo, el "Mesías ungido de salvación", es el *mentor maestro* que ha puesto todo para que usted camine en su unción. En Él, debido a su obra consumada, usted puede convertirse en todo lo que soñó y en más. Pero no cometa el error de *mirar hacia arriba* y *moverse*, sin *extender su mano hacia atrás*. Esto viola todos los principios que lo han traído hasta acá en su caminar con Dios.

Ahora, permítame preguntarle: ¿Está usted sazonado en las cosas de Dios o es un "diamante en bruto"? ¿Necesitaría un poco de ayuda para avanzar en su propósito del Reino? ¿Identifica usted áreas débiles en otros que los están apagando, retrocediendo o atorando? Recuerde: "Dios no nos ha llamado a ver por encima del otro, sino a ver por el otro". Regrese a ver de nuevo la historia de Martha. *¿Qué hizo ella a medida que fluía en la unción de la tutela que posiblemente usted necesite hacer ahora?*

Tome algunos momentos para hacer este pequeño ejercicio de oración, y tenga a la mano su diario: (1) Pídale al Señor que exponga las áreas de su vida que podrían mejorar con tutela ungida. (2) Pídale que le abra los ojos para ver a la gente que Él desea que usted enseñe. Escriba en su diario todo lo que Él le revele y permanezca abierto a lo largo del día, todos los días, para recibir más dirección.

Le agradezco al Señor por ayudarlo a ser **F**iel, **D**isponible y **E**nseñable, porque ya posee la unción de tutela más poderosa que se conoce. Solamente tiene que crecer en ella, *y usted crecerá en ella,* ¡porque usted tiene la unción!

once

LA UNCIÓN PARA PROSPERAR

Y poderoso es Dios para hacer que abunde en vosotros toda gracia, a fin de que, teniendo siempre en todas las cosas todo lo suficiente, abundéis para toda buena obra.

—2 Corintios 9:8

Dios honra la fidelidad y la humildad, y Él está buscando constantemente maneras de bendecirnos. Algunas veces utilizará las situaciones menos probables y más inusuales para bendecirnos. Solamente tenemos que mantener los ojos abiertos hacia lo que Dios tiene para nosotros. Dios desea usar a alguien para mostrarse fuerte siempre, ¡y yo creo que usted tiene la unción! Usted tiene la unción para prosperar en este tiempo y etapa de su vida.

La voluntad de Dios es que usted sea prosperado y tenga salud, incluso mientras usted está disfrutando ser un cristiano gozoso que ama a Dios. La unción para prosperar está en usted. Nunca he conocido a nadie que diga: "Tengo demasiado dinero"; o: "Me encanta ser pobre y vivir hambriento, con frío y desamparado. Simplemente me encanta no tener nada". ¡Nunca! A todas las personas que conozco les encanta tener lo suficiente y también tener algo de más. A todos les encanta conducir un lindo coche. A todas las mujeres que conozco les encanta la idea de tener su propia casa. Dios lo puso en nosotros para prosperar. ¿Por qué lo hizo? Considere este versículo:

> Formaba parte del buen plan del Señor aplastarlo y causarle dolor. Sin embargo, cuando su vida sea entregada en ofrenda por el pecado, tendrá muchos descendientes. Disfrutará de una larga vida, y en sus manos el buen plan del Señor prosperará.
>
> —ISAÍAS 53:10, NTV

¿Lo comprendió? Debido a que Jesús sufrió y se convirtió en la ofrenda suprema por el pecado, el plan de Dios siempre *prospera* en sus manos. ¡Y nosotros somos sus descendientes! Eso significa que al caminar en el plan y el propósito de Dios, podemos estar confiados de que su voluntad para nosotros es que prosperemos. Al permanecer humildemente obedientes a Dios, Él hará que toda gracia abunde en nosotros para que tengamos en todas las cosas lo suficiente y una provisión abundante para toda buena obra.

Me encantan las palabras de Winston Churchill, quien dijo una vez: "¿Qué bien tiene el vivir, si no es para luchar por causas nobles y hacer de este mundo confuso un mejor lugar para aquellos que vivan en él después de que partamos?".[1] *Yo le digo: ¡el Señor desea que usted prospere y que tenga salud, así como prospera su alma!* Cuando caminamos en el propósito de Dios, dando libremente, ayudando a otros y cambiando la atmósfera que nos rodea para su gloria, Dios suelta *su vida* a través de nosotros. Y Él nos construye una nueva vida: una vida mayor de lo que nosotros pudimos construir en nuestra fuerza. Le digo esto: Dios es fiel. Él nos bendice por nuestra obediencia.

DIOS NOS DA PROSPERIDAD CON UN PROPÓSITO

En su libro, *The Carr Guide to Personal Wealth* [La guía Carr a la riqueza personal], la Dra. Deena Carr observa:

> Es claro que estamos viviendo tiempos muy desafiantes de grandes cambios; algunos de los más cruciales para los Estados Unidos y el mundo. En medio de esto, sin embargo, hay una oportunidad significativa para el gran éxito financiero, pero también está el riesgo del devastador colapso económico.[2]

Ella continúa diciendo, y parafraseo: "La simiente es un concepto poderoso y popular en la Biblia. Tradicionalmente se refiere a varias cosas, entre ellas: la cosecha del grano, fruta, etc.; el linaje o los hijos; la Palabra de Dios; el Reino del cielo y la fe. La seguridad económica viene como resultado de un proceso que siempre está cimentado primero que nada en Dios. Nosotros no tenemos que esperar 'suerte' o un 'boleto ganador de la lotería'. El Creador ha puedo en sus hijos la habilidad de acceder a su abundancia".[3]

La Dra. Carr confirma:

> Durante los veinte años anteriores, mi trabajo con las instituciones financieras más importantes ha reafirmado mi creencia de que la fe y las finanzas funcionan de la mano. Me ha confirmado que Dios es el creador de todas las cosas, incluyendo la salud. Él no está quebrando, y nosotros tampoco deberíamos estarlo.[4]

La Biblia declara: "Sino acuérdate de Jehová tu Dios, porque él te da el poder [la habilidad y la unción que nos da el Espíritu Santo] para hacer las riquezas, a fin de confirmar su pacto que juró a tus padres, como en este día" (Deuteronomio 8:18). En la misma línea, Hebreos 7:7 declara: "Sin lugar a dudas, el que tiene el poder para bendecir es superior a quien recibe la bendición" (NTV). Eso significa que si Dios lo ha bendecido a usted, entonces es una mayor bendición para mí bendecirlo, de lo que me es recibir la bendición. Es por ello que la Biblia dice: "Más bienaventurado es dar que recibir" (Hechos 20:35).

Observe que cuando Jesús dijo: "Dad", Él también dijo: "Y se os dará". Lo que usted necesita comprender cuando le está dando a Dios es lo siguiente: dar y recibir van de la mano. Van juntos. Solamente cuando damos estamos en una posición en la que esperamos recibir una cosecha. Me encanta la tasa de interés que Jesús otorga cuando damos medida buena (Lucas 6:38).

A mi esposo y a mí no nos gusta nada más que poder proveerles a nuestras hijas. Es un gozo y un deleite ver su rostro cambiar cuando les traemos a casa algo de un viaje o cuando las llevamos a su tienda favorita en el centro comercial y les permitimos elegir con el único fin de bendecirlas. Esto funciona de la misma manera con el Padre. Jesús dijo en Lucas 12:32: "No temáis, manada pequeña, porque a vuestro Padre le ha placido daros el reino". No me importa lo que haya escuchado o qué tipo de negatividad haya estado saliendo de su garganta, *no* es la voluntad de Dios que usted tenga escasez, pobreza, enfermedad ni dolencias. *No* es su voluntad que usted vaya por la vida quebrado, arruinado y fastidiado.

David dijo en Salmos 35:27: "Sea exaltado Jehová, que *ama* la paz de su siervo" (énfasis añadido).

Permítame preguntarle: ¿Es usted su siervo? Entonces, de acuerdo con su Palabra, Dios *ama* su *prosperidad*. ¿Sabe usted por qué? Para que su voluntad sea establecida en la Tierra. ¿Y cuál es su voluntad? Recordemos el capítulo 9 y Juan 3:16. *Dios no está dispuesto a que nadie se pierda.* Esta es la fuerza impulsora del Padre. ¡Él está detrás de las *almas*! Es por ello que Él desea que usted esté ungido para prosperar.

Jesús declaró: "Y será predicado este evangelio del reino en todo el mundo, para testimonio a todas las naciones; y entonces vendrá el fin" (Mateo 24:14). Dios desea que este evangelio (¡las buenas nuevas!) acerca de su Hijo sea predicado a todo el mundo antes de su regreso. Por lo tanto, debemos tener dinero para expandir el mensaje del evangelio. La Biblia lo explica claramente en Romanos 10:13-15:

> Porque todo aquel que invocare el nombre del Señor, será salvo. ¿Cómo, pues, invocarán a aquel en el cual no han creído? ¿Y cómo creerán en aquel de quien no han oído? ¿Y cómo oirán sin haber quien les predique? ¿Y cómo predicarán si no fueren enviados? Como está escrito: ¡Cuán hermosos son los pies de los que anuncian la paz, de los que anuncian buenas nuevas!

Definitivamente es nuestra obligación como Iglesia enviar obreros al campo para la cosecha. Ahora, yo creo en el sacrificio equitativo, no necesariamente en la dádiva equitativa. La viuda de Lucas 21 dio dos blancas al arca; no obstante, Jesús les dijo a sus discípulos: "Les digo la verdad—dijo Jesús—, esta viuda pobre ha dado más que todos los demás. Pues ellos dieron una mínima parte de lo que les sobraba, pero ella, con lo pobre que es, dio todo lo que tenía" (VV. 3-4, NTV).

Pablo le advirtió a Timoteo:

> Enséñales a los ricos de este mundo que no sean orgullosos ni que confíen en su dinero, el cual es tan inestable. Deberían depositar su confianza en Dios, quien nos da en abundancia todo lo que necesitamos para que lo disfrutemos. Diles que usen su dinero para hacer el bien. Deberían ser ricos en buenas acciones, generosos con los que pasan necesidad y estar siempre dispuestos a compartir con otros. De esa manera, al hacer esto, acumularán su tesoro como un buen fundamento para el futuro, a fin de poder experimentar lo que es la vida verdadera.
>
> —1 TIMOTEO 6:17-19, NTV

Dios desea que todo su pueblo prospere, y Él está esperando bendecirnos más allá de nuestros sueños más disparatados.

Cuando leemos el libro de Ruth, encontramos una palabra muy importante. Si no tenemos cuidado, podríamos tropezarnos con ella muy fácilmente. Se encuentra en Ruth 2:3: "Fue, pues, y llegando, espigó en el campo en pos de los segadores; y *aconteció* que aquella parte del campo era de Booz, el cual era de la familia de Elimelec" (énfasis añadido).

¿Observa la palabra *aconteció*? Esta palabra significa bíblicamente: "algo que sucedió de pronto; es decir, un accidente o fortuna [...] algo que ocurre [...] azar [...]".[5] La palabra *suceder* proviene de esta palabra y significa: "tener lugar, pasar, acaecer".[6] Piense en todas las palabras que utilizamos y que contienen la palabra *acontecer*, como la frase: "Aconteció casualmente", o: "Está aconteciendo en este momento". Esa palabra se encuentra en muchas frases que utilizamos todos los días, y mire esto: *todas son positivas*.[7]

La Biblia dice que Ruth, al estar segando en el campo, "aconteció" estar en el campo de Booz. De manera que yo quiero entrar en un acuerdo con usted y creer para que le "acontezca", incluso mientras lee este libro. También me pongo de acuerdo con usted en que, en el nombre de Jesús, esa unción para prosperar vendrá sobre usted.

DIOS LE DA PROSPERIDAD EN TODOS LOS SENTIDOS

Hay muchas maneras diferentes en que podemos prosperar o hacer la obra del Reino. Eclesiastés 10:19 dice: "Por el placer se hace el banquete, y el vino alegra a los vivos; y el dinero sirve para todo". La necesidad de tener dinero es una realidad de la vida. Podemos identificarnos con eso; porque sin dinero no podemos comer, mantener un techo sobre nuestra cabeza, tener un coche, pagar nuestras cuentas, ¡hacer cosa alguna! Parece que nada en este mundo es gratuito. Pero yo he aprendido que aunque el dinero "sirve para todo", *¡el dinero no lo es todo!* Hay cosas que el dinero simplemente no puede comprar:

- Su salud
- Gozo, paz, justicia
- La felicidad que Dios da
- La unción del Señor sobre nuestra vida
- La presencia de Dios
- Gracia y misericordia
- Salvación
- Lágrimas de gozo y gemido ante Dios en quebranto
- Fe, esperanza y amor
- E incluso su piadoso Booz o Esther

La mayoría de nosotros ha escuchado un dicho en nuestra vida que a menudo se cita erróneamente: "El dinero es la raíz de todos los males". Eso no es completamente cierto. El significado correcto, el cual fue expuesto por Pablo, es: "Porque raíz de todos los males es el *amor al dinero*" (1 Timoteo 6:10, énfasis añadido).

Hubo una cosa que el dinero no nos pudo comprar a Jamie y a mí en cierto momento de nuestra vida, y fue una familia. Habíamos estado casados durante cuatro años. Éramos felices, pero cuando comenzaron a pasar los días después de nuestro segundo aniversario de bodas, sentimos que debíamos comenzar una familia. De manera que comenzamos el proceso de revisar nuestro seguro y otras cosas, y comenzamos tratar de tener un hijo. Luego, comenzamos a notar que los meses iban y venían, y yo no quedaba embarazada. Así que empezamos a preocuparnos.

Finalmente, después de casi un año, supimos que *de hecho* estábamos esperando. Comenzamos a decirle a todo mundo que tendríamos un bebé. Llegaron flores, tarjetas y buenos deseos abundaron con felicitaciones por la próxima llegada.

¡Estábamos muy emocionados! Yo sabía que tendría un bebé a una edad mayor, pero no esperaba que fuera tan *mayor.* No obstante, estábamos emocionados. Ahora, usted puede comenzar a imaginar la consternación, el horror absoluto, y luego la depresión que sentimos cuando supimos que habíamos perdido al bebé. Nuestras esperanzas estaban destrozadas y todos nuestros sueños de repente se detuvieron haciendo un grande y molesto rechinido.

¿Qué fue lo que sucedió? El día en que nos enteramos, íbamos escuchar el latido del bebé, ¿entonces qué pasó? Todo parecía estar borroso cuando sucedió. Yo solamente podía pensar: "¿Cómo pudo suceder?". Ese pequeñísimo bebé era tan parte de mí como si lo hubiera cargado en mis brazos, y que me dijeran que ese bebé ya se había ido era más que increíble. Decir que estábamos devastados es quedarse corto. Este precioso bebé era nuestro "primer fruto". Solamente si usted ha caminado por esa solitaria, terrible y desalentadora vía, podría comenzar a imaginarse cómo no sentimos.

Esa noche, cuando llegamos a casa, Jamie me llevó a la cama. Luego, se recostó a mi lado y comenzamos a llorar juntos, abrazados al principio, luego nos separamos a cada lado de la cama para llorar cada quien según lo sentía, por lo que nunca sería. Mi esposo, al ser un "arreglador", como todos los verdaderos hombres, me dijo: "Cariño, ¿te traigo algo de comer o de beber? ¿Puedo hacer que te sientas más cómoda? Solo déjame hacer algo para mejorar esto".

Pero permanecimos ahí y solo lloramos. Luego me dijo: "¿Te importa si pongo un canal cristiano de televisión? Posiblemente alguien tenga una palabra para nosotros esta noche". Yo no deseaba ver ni escuchar ningún programa; pero sabía que eso lo haría sentirse mejor, de manera que nos acomodamos. Jamie tomó el control remoto, hizo clic e inmediatamente apareció en pantalla el obispo Jakes.

El Espíritu de Dios comenzó a moverse y el obispo Jakes

comenzó a hablar. Él dijo: "Creo que Dios tiene una palabra para algunos esta noche—continuó—. *Alguien ha muerto...*". Cuando dijo eso, inmediatamente nos sentamos en la cama, tan erguidos como pudimos, y créame cuando le digo que estábamos *escuchando muy atentamente.* Él continuó: "Y su enemigo le ha dicho que usted nunca volverá a cantar, a predicar o a sonreír. Pero Dios desea que sepa que la muerte no es el fin. Usted necesita decirle al diablo que es un mentiroso, y que Dios todavía no ha terminado con usted".

Para ese momento, ambos estábamos llorando, gritando: "¡Amén! ¡Aleluya! ¡Gloria!", ante la televisión y declarando la palabra del Señor sobre nuestra vida con el obispo Jakes. Sentimos como si alguien se hubiera comunicado con el obispo Jakes y le hubiera dicho todo lo que estaba sucediendo, mientras estaba al aire. Es decir, estábamos tan convencidos de que Dios estaba hablando que apenas podíamos respirar.

El obispo Jakes dijo: "Usted necesita levantarse y comenzar a magnificar a Dios, y hacerlo grande en su vida. Y dígale al diablo: 'No se ha acabado'". Créame cuando le digo que la atmósfera de nuestra casa cambió en cuestión de segundos. Miré a mi esposo y le dije: "*¡Corre!* Está hablando de nosotros". Mi esposo saltó de la cama y me ayudó a levantarme. Yo no podía correr, pero seguramente podía caminar. Mientras él estaba corriendo vueltas de victoria de arriba para abajo de las escaleras (algunas veces simplemente tenemos que *movernos* en fe), yo estaba caminando de atrás para adelante, alabando a Dios.

Si alguien hubiera estado espiando por la ventana, habría pensado que perdimos nuestra siempre amorosa mente. Teníamos una palabra de Dios y necesitábamos un milagro. No nos íbamos a perder nuestro momento de aprovechar esta palabra y reclamarla en el nombre del Señor. Sabíamos que en el plano espiritual eso ya estaba hecho. Ahora todo lo que teníamos que hacer era agradecerle a Dios hasta que se manifestara el milagro.

Después de un rato, mi esposo fue conmigo al dormitorio, con sudor escurriéndole y preguntó: "Querida, ¿corrí lo suficiente?". Ahora es gracioso, pero en ese momento era algo serio...porque estábamos desesperados. Mi esposo dijo inmediatamente: "Tenemos que plantar una semilla para este bebé y tenemos que plantarla esta noche". Eso es exactamente lo que hicimos. Hicimos cheques que vaciaron nuestras cuentas bancarias, dándole a ministerios que creíamos eran una tierra fértil. Seguramente pasaba de la medianoche, porque habíamos activado la alarma de nuestra casa. Inmediatamente apagamos el sistema de alarma, les pusimos los timbres a esos sobres, los llevamos al buzón e izamos la banderilla lateral. Entonces sabíamos que la "semilla" estaba en la tierra y nuestra promesa estaba en camino.

No pasaron seis meses cuando supimos que otra vez estábamos esperando. Está vez, *¡sabíamos que sabíamos* que esa era nuestra victoria! Nunca olvidaré cuando cargué a Judith Kaylee Tuttle en mis brazos por primera vez, mientras Jamie y yo derramábamos lágrimas de gozo por nuestro pequeño paquete de promesa, profecía y cosecha.

Usted se preguntará: "Judy, ¿ese dinero le compró una hija?". Desde luego que no. Pero le digo lo que sí creo: nuestra fe y obediencia para hacer lo que Dios nos había instruido que hiciéramos, *nos compró esa hija...y otra más.*

Mire, del otro lado de la fe y la obediencia se encuentra un milagro. Esto es lo mejor que se puede llevar de este capítulo. Jesús dijo: "Ninguno puede servir a dos señores; porque o aborrecerá al uno y amará al otro, o estimará al uno y menospreciará al otro. No podéis servir a Dios y a las riquezas" (Mateo 6:24). Luego continuó diciendo: "Por tanto os digo: No os afanéis por vuestra vida..." (v. 25).

La palabra traducida como *afanarse* aquí, en la Nueva Traducción Viviente, se transmite como "preocuparse", la cual viene de la palabra griega *merimnaõ*, y significa: "inquietarse, tener cuidado".[8] Otra definición revela que *afanarse* significa: "dividir en partes". "Esta palabra sugiere una distracción, una preocupación por las cosas que provocan ansiedad, estrés y presión. Jesús habla contra la preocupación y la ansiedad, porque estamos bajo el ojo atento y el cuidado de un Padre celestial que está siempre consciente de nuestras necesidades diarias".[9]

Dios no desea que vivamos en un estado de temor, ansiedad y estrés. Él desea que llevemos nuestra vida libre de pobreza, deuda y crisis financiera. Usted está ungido para salir de la deuda. Usted está ungido para tomar el control de sus gastos. Usted tiene la unción para dar generosamente a la causa del Reino de Dios y aún ser prudente con los recursos que Él le ha dado. Usted tiene la unción de ser un buen administrador del dinero *de Dios. Recuerde, todo le pertenece a Él.* A mí siempre me gusta recordarle a nuestra familia de la iglesia en el momento de dar: "Es el *diezmo de Dios* y la *ofrenda suya*" (ver Malaquías 3:8-12).

¡Oh, sí! Hay un milagro del otro lado de la fe y la obediencia. Cuando obedecemos la Palabra de Dios y caminamos en su propósito, confiando en Él en todo lo que enfrentemos y a través de ello, Él suelta su vida a través de nosotros. Experimentamos algo "mayor" en nuestra vida y podemos hacer obras mayores para Él. Ahora, permítame regresar a la Escritura del principio de este capítulo, esta vez, añadiendo lo que viene *antes* y *después*:

> Pero esto digo: El que siembra escasamente, también segará escasamente; y el que siembra generosamente, generosamente también segará. Cada uno dé como propuso en su corazón: no con tristeza, ni por necesidad, porque Dios ama al dador alegre. *Y poderoso es Dios para hacer que abunde en vosotros toda gracia, a fin de que, teniendo siempre en todas las cosas todo lo suficiente, abundéis para toda buena obra* [...] *Y el que da semilla al que siembra, y pan al que come, proveerá y multiplicará vuestra sementera,*

> *y aumentará los frutos de vuestra justicia, para que estéis enriquecidos en todo para toda liberalidad, la cual produce por medio de nosotros acción de gracias a Dios.*
>
> —2 CORINTIOS 9:6-8, 10-11, ÉNFASIS AÑADIDO

¿QUÉ PODEMOS DARLE A DIOS QUE NO HAYA HECHO YA POR NOSOTROS?

Oro por que la unción para prosperar venga sobre usted tan fuertemente que prospere en todo camino y haga que la acción de gracias vaya de vuelta a Dios. Cuando lo pensamos realmente, nunca podríamos pagarle todo lo que Él ha hecho por nosotros, ni en mil vidas. El salmista David dijo en Salmos 116:2: "¿Qué pagaré a Jehová por todos sus beneficios para conmigo?". De manera que la pregunta se vuelve: "¿Cuáles son sus beneficios?".

Para aprender acerca de estas bendiciones podemos ir a otro salmo de David, Salmos 103. En esta canción, él esboza claramente *algunos* de los beneficios que vienen de la bendición, la confianza y el servicio a Dios. David comienza el primer versículo: "Bendice, alma mía, a Jehová, y bendiga todo mi ser su santo nombre". Un comentario popular afirma:

> Bendecir; rendir homenaje, felicitar, agradecer, alabar y arrodillarse [...] En los tiempos del Antiguo Testamento, uno se arrodillaba cuando se preparaba para hablar o para recibir palabras de bendición, ya fuera del Dios al cielo o de un rey en su trono. Del lado de Dios, Él es el que bendice, Aquel que da la capacidad de vivir una vida plena y rica. La primera acción de Dios, el Creador, sobre el hombre y la mujer recién creados fue bendecirlos (Génesis 1:28). En la adoración judía, Dios es llamado con frecuencia *ha-Qodesh Baruch hu*, o literalmente: "¡El Santo, bendito sea Él!".[10]

Luego, David comienza a declarar los beneficios de Dios:

- "Él es quien perdona todas tus iniquidades" (v. 3). La palabra *iniquidad habla de "gran injusticia o maldad*...una violación del derecho o deber; acto malvado, pecado".[11]
- "Él es quien sana todas tus dolencias" (v. 3). Cuando la Palabra de Dios dice "todas", se refiere a la palabra *todo*. Hay un nombre que está sobre toda la enfermedad y todas las dolencias conocidas por el hombre. Ese nombre es Jesús.
- "El que rescata del hoyo tu vida" (v. 4). El comentario añade: "...rescatar, redimir, readquirir; liberar al vengarse o volver a pagar. Se refiere a la costumbre de comprar de nuevo algo que una persona ha perdido a través de indefensión, pobreza o violencia. Además, aquel que hace la redención, a menudo es el familiar más cercano que está en una posición más fuerte y compra de nuevo la propiedad perdida en nombre su familiar débil".[12] (Esta es una gran imagen de nuestro hermano mayor, Jesús).
- "El que te corona de favores y misericordias" (v. 4). Santiago 5:11 dice: "Ustedes han oído hablar de la perseverancia de Job, y han visto lo que al final le dio el Señor. Es que el Señor es muy compasivo y misericordioso" (NVI). ¡Dios tiene cosas buenas guardadas para usted!
- "El que sacia de bien tu boca de modo que te rejuvenezcas como el águila" (Salmos 103:5).

Si tuviera que preguntarle cuándo fue la última vez que se sentó y tuvo una linda comida, usted probablemente diría: "Luego de la iglesia el domingo con mi familia"; o: "Salí con algunos amigos". En algún momento, en algún lugar, usted ha experimentado lo que se siente tener su boca *satisfecha de cosas buenas*; pero Dios está diciendo, como David: "Gustad, y ved que es bueno Jehová" (Salmos 34:8). Lo que Dios tiene para usted, nunca lo ha probado. De hecho, lo va a llevar tan alto en el plano espiritual que tendrá que levantar "alas como las águilas" (Isaías 40:31).

PODEMOS DARLE A DIOS CON GOZO LO QUE LE PERTENECE

Ahora, regresemos a la pregunta: ¿Qué podríamos darle al Señor por todos sus beneficios? Salmos 116:18-19 tiene la respuesta: "A Jehová pagaré ahora mis votos delante de todo su pueblo, en los atrios de la casa de Jehová...".

Cuando le damos al Señor lo que le pertenece, esto suelta la unción para prosperar sobre nuestra vida. Y este tipo de prosperidad es mucho más grande que lo que el mundo pueda dar. Cuando Dios nos hace prosperar impacta cada área de nuestra vida. Levítico 26:9-10 declara: "Los miraré con agrado, los haré fértiles y multiplicaré su pueblo. Cumpliré mi pacto con ustedes. ¡Tendrán tal abundancia de cosechas que será necesario deshacerse del grano viejo para que haya lugar para la nueva cosecha!" (NTV).

¡Nosotros estamos ungidos para prosperar abundantemente en esta temporada, para que la cosecha de los últimos tiempos produzca muchas almas para Dios! Recuerde que Él honra nuestra fe y humildad. No importa lo que pueda estar pasando, *recuerde todos sus beneficios*. Bendiga a Dios, camine en su propósito y nunca deje de darle lo mejor de usted. Y mientras esté en ello, mantenga sus ojos completamente abiertos hacia todo lo que Dios tiene para usted. ¡Oro por que sea bendecido sobreabundantemente!

HÁGASE CONMIGO . . .

¡La Palabra de Dios dice claramente que Él desea que prosperemos! Vivir en pobreza y escasez—quebrado, en ruina y fastidiado—*no* es el plan de Dios para usted. Al contrario, Dios ya ha puesto en nosotros la prosperidad; y la obra terminada de Jesús selló el hecho de que, a medida que caminemos en el propósito de Dios, prosperaremos en el Señor. ¡Le afirmo de acuerdo con la Palabra de Dios que Él se goza en la prosperidad de su siervo!

Ahora deseo que se tranquilice y medite en las maneras en que Dios lo ha bendecido. ¿Lo ha sanado? ¿En mente, cuerpo y alma? ¿Lo ha perdonado cuando no hace las cosas a su modo? ¿Lo ha salvado de la destrucción, espiritual, económicamente o en otra área?

¡Solo piense en la bondad amorosa del Señor y en cómo Él satisface su boca con cosas buenas! Luego, tómese un tiempo para alabarlo por lo que ha hecho por usted. ¿Y consideraría usted en oración las siguientes preguntas? ¿Le da fielmente al Señor sus diezmos y ofrendas? ¿Ayuda regularmente a quienes están en necesidad? Si no, ¿se tomaría un breve momento para revisar otra vez este capítulo? Al hacerlo, ¿le pediría al Señor que le ayude a caminar en su propósito para su vida en esta área?

Le declaro: ¡usted no puede agotar a Dios! ¡Me pongo de acuerdo con usted en el nombre de Jesús que Dios derramará la unción para prosperar en usted y lo usará poderosamente en los propósitos de su Reino! Le agradezco a Dios por hacer que toda gracia abunde en usted, para que tenga abundancia para toda buena obra, ¡porque usted tiene la unción!

doce

CONFUSIONES Y ABUSOS DE LA UNCIÓN

Porque Dios, que mandó que de las tinieblas resplandeciese la luz, es el que resplandeció en nuestros corazones, para iluminación del conocimiento de la gloria de Dios en la faz de Jesucristo. Pero tenemos este tesoro en vasos de barro, para que la excelencia del poder sea de Dios, y no de nosotros.

—2 Corintios 4:6-7

Durante los siglos, la gente ha intentado comprender exactamente lo que es la unción y qué deberían hacer con ella. Algunos la han relacionado con una emoción, algunos con liturgia y otros incluso han intentado ignorarla o restarle importancia. A modo de broma, si tuviéramos que hacer una lista de "requisitos" para tener la unción, resultaría algo así:

- Tiene que ser un creyente con más de veinte años en Cristo.
- Tiene que memorizar cien versículos bíblicos a la semana.
- Debe haber sido tocado por el último y más grande evangelista, profeta y obispo.
- Debe haber recibido una palabra profética.

- Debe haber asistido a quince congresos cada mes.
- Debe ayunar cuarenta días por año.

Como puede ver, algunos de estos "requisitos" son un poco extremos; pero le sorprenderían algunas de las enseñanzas que ha recibido la gente en su vida...son extremas, por decir lo menos. Muchos de los requerimientos del hombre se tratan más de que "la excelencia del poder" está en el hombre, en lugar de estar en Dios. El Señor no espera que hagamos este tipo de cosas para vivir una vida que esté ungida por Él y que impacte a nuestro mundo. Él solamente desea nuestra obediencia.

Mire, el hombre, o diría mejor, el hombre *religioso*, siempre ha intentado explicar o descubrir la lógica de la unción. Sin embargo, al igual que Dios mismo, la unción no cabe perfectamente en la caja o el concepto cuadrado de nadie. No es una baratija con la que deslumbramos para atraer gente, dinero, fama o cualquier otra cosa hacia nuestro ministerio o agenda. La unción no está basada en la tradición, pero siempre operará en un ambiente de *verdad*. No es una exhibición del poder de Dios, sino que al igual que la fe, obra por el *amor*.

La unción es una imagen perfecta del poder de Dios que viene a nuestro mundo caído para enderezar las cosas. Jesús lo comprobó cuando citó las palabras transformadoras del rollo de Isaías y afirmó enfáticamente: "El Espíritu del Señor está sobre mí..." (Lucas 4:18-19). Y, mientras la multitud de Nazaret le sostenía la mirada, Él declaró con audacia: "Hoy se ha cumplido esta Escritura delante de vosotros" (v. 21). Sí, las palabras de Jesús casi lograron que lo apedrearan, pero establecieron la atmósfera para la unción que ha permanecido hasta este día.

¡Esas son *buenas noticias!* Cuando Jesús se levantó a leer, respaldado por la autoridad y la unción del cielo, Él soltó vida, liberación, sanidad y libertad para todos los tiempos. ¿Por qué? ¡Porque Él tenía la unción! Él declaró "Sea..." sobre la oscuridad de su día, y la *verdad* confrontó las mentiras, las potestades se quebrantaron, y todo lo que estaba basado en la excelencia y el poder del hombre comenzó a sacudirse.

Es por ello que, décadas más tarde, Juan, el amado, escribiría: "Pero la unción que vosotros recibisteis de él permanece en vosotros, y no tenéis necesidad de que nadie os enseñe; así como la unción misma os enseña todas las cosas, y es *verdadera*, y no es mentira, según ella os ha enseñado, permaneced en él" (1 Juan 2:27). En otras palabras, la unción—el Espíritu Santo de Dios—vive en usted. ¡Él permanece, se queda, en su interior! La unción de su vida no está basada en el capricho ni la emoción. Es un tesoro duradero y permanente en su "vaso de barro".

El poder iluminador de la unción le permitirá distinguir entre la verdad y el error, entre lo santo y lo profano, de manera que lo maneje correctamente. Y debido a que la unción está basada en la *verdad*, esta lo guía y le enseña fielmente, llevándolo hacia la plenitud de su propósito en Dios. La unción no es un acto ni un evento; por lo tanto, no puede medirse por su desempeño. No obstante, la unción produce resultados. Esto puede parecer como un oxímoron, pero recuerde que la unción se personifica y se cumple en el Hijo de Dios, el Rey siervo y la Palabra hecha carne, que es Dios y hombre.

Lo que hacemos y decimos le importa a Dios

Una confusión en la que muchos ministros modernos caen, es que, debido a que están "ungidos", su comportamiento no importa. Esta es una falsa conjetura y una mentira de la boca del infierno. La manera en que nos conducimos ante Dios y el hombre importa. Pablo dijo en Filipenses 3:17-20: "Amados hermanos, tomen mi vida como modelo [...] ahora se los repito de nuevo con lágrimas en los ojos: hay muchos cuya conducta demuestra que son verdaderos enemigos de la cruz de Cristo. [...] Su dios son sus propios apetitos, se jactan de cosas vergonzosas y sólo piensan en esta vida terrenal. En cambio, nosotros somos ciudadanos del cielo, donde vive el Señor Jesucristo" (NTV).

La unción fluye hacia nosotros del Espíritu Santo, el Espíritu de verdad, y la *verdad*—al igual que la luz de Dios que fue soltada al principio de la creación—expone las tinieblas. Como lo veremos adelante en este capítulo, hay consecuencias graves cuando uno abusa de la unción. El cristianismo es más que un concepto. Afecta nuestro comportamiento y afecta la vida de la gente que nos está mirando como líderes. Santiago llegó a decir que muchos ni siquiera deberían desear ser líderes o maestros, porque los líderes están sujetos a un estándar más estricto de juicio (Santiago 3:1).

Pero, a través del poder de la unción de Cristo podemos andar como es digno del llamado que hemos recibido (ver Efesios 4:1). Realicemos un pequeño ejercicio, porque como dije desde el principio, ¡si lo *decimos lo veremos*!

Primero que nada, la unción tiene la habilidad de hacernos brillar. Recuerde, es representada con aceite. Moisés tuvo que cubrirse el rostro porque brillaba muy fuertemente por estar en la presencia Dios (Éxodo 34:29-35). El salmista pudo decir: "Unges mi cabeza con aceite" (Salmos 23:5). Como pastor, David habría ungido a sus ovejas. Las ovejas fueron ungidas por las mismas razones que nosotros necesitamos la unción—la vida es *de verdad*, y algunas veces quedamos heridos, somos maltratados o incluso nos golpeamos. El aceite era utilizado para calmar el dolor y ayudar a sanar las heridas. ¿Y cuántos creyentes necesitan el aceite del gozo? Dios nos da la habilidad de ponernos el "manto de alegría en lugar del espíritu angustiado" (Isaías 61:3), porque, de acuerdo con Nehemías 8:10, el gozo del Señor es nuestra fuerza. En muchas maneras, el aceite de la unción nos hace brillar. Dígale ahora mismo al Señor: "Gracias por ungirme, sanarme, fortalecerme y poner una canción de alabanza en mi corazón. Dios, gracias por soltar el aceite de la verdadera adoración sobre mi vida, por el poder de tu unción. Me levantaré, brillaré y te bendeciré con todo mi ser! ¡Amén!".

En segundo lugar, la unción tiene la habilidad de dejarnos ver. Recuerde que el aceite era el ingrediente principal del alumbrado del tabernáculo del Antiguo Testamento. Cuando tenemos luz, podemos ver. Además, Jesús le advirtió a la Iglesia de Laodicea que ungiera sus ojos con colirio para que viera (Apocalipsis 3:18). En la actualidad, más que nunca, necesitamos la habilidad de *ver.* Dios le dijo a Josué: "Mira, yo he entregado en tu mano a Jericó y a su rey, con sus varones de guerra" (Josué 6:2). Primero que nada, Josué y el pueblo de Israel tuvieron que *verse a* sí mismos en el plano espiritual haciendo caer los muros de esa ciudad con un grito. De manera similar, ¡usted tiene que verse a sí mismo *cuando* (no, si) su enemigo sea derrotado y *cómo* lucirá la victoria al celebrar! *¿Lo ve?* ¿Ve a ese hijo dejar las drogas? ¿Ve ese matrimonio restaurado a como eran las cosas cuando comenzaron a salir? ¿Se ve libre de deudas? ¿Ve sus finanzas restauradas o su cuerpo sanado? ¿Se ve liberado para ser realmente libre? ¡Usted tiene que ver la victoria!

Otro ejemplo de *ver* es la ocasión en que Eliseo oró cuando el rey de Siria y su ejército venían contra él y su siervo. El siervo evidentemente estaba más que nervioso; estaba completamente asustado. Me imagino al profeta sentado en la terraza, tomando un vaso de té frío. El profeta le dijo al Señor: "Te ruego, oh Jehová, que abras sus ojos para que vea. Entonces Jehová abrió los ojos del criado, y miró; y he aquí que el monte estaba lleno de gente de a caballo, y de carros de fuego alrededor de Eliseo" (2 Reyes 6:17). Si a usted le falta revelación para ver, entonces vayamos ante el Señor juntos y *digamos*: "Señor, gracias por ungirnos con revelación de tu perspectiva en el presente de la vida, y por darnos una visión ungida de lo que está por venir en el futuro. Te agradecemos que a partir de este día en adelante *veremos* la victoria. En el nombre de Jesús, ¡amén!".

Luego, la unción tiene la habilidad de santificar. Todo lo que tocaba el aceite de la unción era pronunciado santo y apartado para el uso del Maestro. Puedo recordar a los santos ancianos de mi iglesia cantar hace años una canción acerca de que no habrá nada en la Nueva Jerusalén que no sea oro puro, y luego pidiéndole a Dios que los hiciera puros como el oro.

Si usted le pide a Dios que lo consagre, Él lo hará; pero Él necesita que usted coopere completamente con Él. Por el poder del Espíritu Santo, usted debe tomar control de su carne y decirle: "Jesús es Señor, ¡tú no!". La Biblia dice: "Purificaos los que lleváis los utensilios de Jehová" (Isaías 52:11). Dios desea que su pueblo sea puro y santo, porque Él es puro y santo. David dijo: "¿Quién subirá al monte de Jehová? ¿Y quién estará en su lugar santo? El limpio de manos y puro de corazón" (Salmos 24:3-4). Entonces, *digámosle* al Señor ahora mismo: "Bondadoso Padre, recibimos tu unción fresca que nos aparta para la obra de tu Reino. Confesamos nuestros pecados a ti [menciónelos si necesita hacerlo]. Gracias por perdonar y limpiarnos. Señor, gracias porque debido a que tú eres santo, nosotros somos santos. ¡Te bendecimos por apartarnos para andar como es digno de tu llamado, en el nombre de Jesús! Amén".

En cuarto lugar, la unción tiene la habilidad de liberarnos. Dios animó al remanente de Israel: "Acontecerá en aquel tiempo que su carga será quitada de tu hombro, y su yugo de tu cerviz, y el yugo se pudrirá a causa de la unción" (Isaías 10:27). En lo natural, Dios le estaba hablando a Israel de los asirios. En el plano espiritual, Jesús vino y destruyó las obras de nuestro enemigo, ¡el diablo! Es por ello que, una vez más, Jesús leyó el rollo en Nazaret, declarando que a partir de ese día se cumplía [esa Escritura] ante sus ojos. El diablo detesta y siempre ha detestado la libertad. Desea mantenernos atados, encadenados, arruinados, perdidos y desechos. No desea que estemos gozosos, caminando en paz y con alegría; pero Jesús vino a liberar a los cautivos. De hecho, Él garantiza que si confiamos en Él como nuestro Redentor, Salvador y aquel que nos da la habilidad y la unción para ser libres, "seréis verdaderamente libres" (Juan 8:36).

Es mejor que se prepare, porque la unción que está viniendo sobre usted va a ser tan fuerte que todo lo que estorbe en su camino va a ser echado fuera del camino. ¡Ah, sí! La unción en usted va a aniquilar la estrategia del enemigo en su contra. Diga conmigo: "¡Jesús, tú eres un libertador poderoso! ¡Te agradezco porque soy *verdaderamente libre* y porque ningún arma forjada contra mí prosperará, ningún día de mi vida, por el poder de tu unción! Te bendigo, te adoro y te serviré todos mis días, porque tú has destruido el poder del enemigo sobre mi vida. Amén".

Por último, la unción tiene la habilidad de permitirnos estar de pie. Pablo escribe en 2 Corintios 1:21: "Y el que nos confirma con vosotros en Cristo, y el que nos ungió, es Dios". En mi libro *Estad firmes*, les digo a los lectores que nuestra posición ante Dios es estar de pie ante Él en fe, denuedo, determinación, autoridad, adoración y alabanza. Esa es nuestra postura, posición y actitud. El diablo desearía que estuviéramos sentados en las promesas de Dios, en las profecías que se nos han hablado a nosotros, nuestra familia, nuestro matrimonio y ministerio. Habiendo hecho todo por estar de pie, permanecerá firme. Ahora, manteniendo los ojos puestos en Jesús, con rostro firme diga: "Jesús, como tú me has ungido, yo seré determinado. ¡Yo voy a ganar esto! ¡Voy a mantenerme fuerte a través del poder de tu unción, fluiré en los dones que me has dado y haré obras mayores en tu Reino... todo para tu gloria! Amén".

¡Declaro que la unción fluirá en usted como un río poderoso de verdad en estos últimos días! Le digo que usted le *dirá que sí* a Dios como un vaso rendido y santo a partir de este día, por el excelente poder del Espíritu Santo; porque en los tiempos en que vivimos, nada menos que la unción verdadera, pura y auténtica de Dios hará la obra.

NO PODEMOS "FALSIFICAR" LA UNCIÓN

Recordemos 2 Corintios 10:4-5:

> Porque las armas de nuestra milicia no son carnales, sino poderosas en Dios para la destrucción de fortalezas, derribando argumentos y toda altivez [*¡incluyendo principados demoníacos!*] que se levanta contra el conocimiento de Dios, y llevando cautivo todo pensamiento a la obediencia a Cristo.

Dios conoce nuestro corazón y discierne nuestras intenciones, sean puras o no. No podemos engañar a Dios o jugar con la unción. No podemos "falsificar" la unción. Hay un dicho antiguo que se le atribuye a Abraham Lincoln: "Podemos engañar a todos algunas veces; incluso podemos engañar a algunas personas todo el tiempo; pero no podemos engañar a todos todo el tiempo".[1] La Biblia dice claramente que no podemos engañar al plano espiritual con una unción falsa. El Espíritu de Dios no puede ser movido por decibeles ni por un espectáculo. *En otras palabras, no importa cuan fuerte gritemos o cuan teatrales seamos, la unción es la que rompe el yugo y libera a los cautivos.* La unción del Señor es auténtica. No es un poder de imitación, tampoco es un amuleto ni un encantamiento.

Pregúnteles al respecto a los siete hijos de Esceva. Hechos 19:11 registra que "milagros extraordinarios", tales como sanidades y liberaciones, ocurrían cuando la unción fluía a través de Pablo (e incluso a través de pañuelos y delantales que tocaba). Cuando los hijos de Esceva decidieron intentarlo, clamando al nombre de Jesús, "el que predica Pablo" (vv. 13-14), creaba una violenta respuesta demoníaca.

> Pero respondiendo el espíritu malo, dijo: A Jesús conozco, y sé quién es Pablo; pero vosotros, ¿quiénes sois? Y el hombre en quien estaba el espíritu malo,

> saltando sobre ellos y dominándolos, pudo más que ellos, de tal manera que huyeron de aquella casa desnudos y heridos.
>
> —HECHOS 19:15-16

Si jugamos con fuego (incluso fuego profano), nos quemaremos. *¡Qué humillante!*

Hubo un resultado positivo, sin embargo, porque esto se conoció ampliamente "y era magnificado el nombre del Señor Jesús" (v. 17). ¡Cuán grande es nuestro Dios! Este incidente también llevó al avivamiento; el versículo 19 dice que la gente llevó su parafernalia de magia y la "quemaron delante de todos". Cada vez, lo que el enemigo hace para mal, Dios lo cambia para bien.

Puede estar pensando: "Bien, *ellos* se lo merecían, pero yo no juego con magia". Asimile las palabras de una de las profetas ancianas de la actualidad, Iverna Tompkins, en su explicación de lo profano. En su libro *The Holy and the Profane* [Lo sagrado y lo profano], ella relata que la mayoría de la gente asume que blasfemar es tomar el nombre del Señor en vano o que es un acto inmoral aparente. Ella continúa diciendo: "La profanidad, a los ojos de Dios, es todo lo que trata con ligereza lo que Él llama santo".[2]

La mayoría de lo que sucede ahora en el mundo sería considerado por Dios como "profano". Estamos viviendo en los días que Isaías describe en los que la sociedad llama malo a lo bueno y llama bueno a lo malo. Todo aquel que defiende la justicia y está contra el aborto o el matrimonio entre el mismo género, es considerado un derechista radical y arcaico, con la posibilidad de enfrentar cargos criminales por discriminación.

Iverna continúa diciendo: "El primer paso en el avance hacia la profanidad es la indiferencia".[3] Hace años, Doris Day solía cantar una canción llamada "Lo qué será, será", que significa que si algo va a ser, será. Pero este no es el tema musical de la Iglesia del Dios vivo. ¡Yo le ruego que difiera! Yo *digo* que somos hombres y mujeres de Isacar: conocemos los tiempos y sabemos qué hacer (ver 1 Crónicas 12:32). No nos conformaremos. Utilizaremos nuestras voces, nuestro voto, el dinero de Dios (no es nuestro), la oración y la Palabra del Dios viviente. Afectaremos esta cultura por el bien de aquellos que han peleado, sangrado y muerto como mártires, especialmente el hermoso Cordero inmolado. ¡Podemos llamar la cosas que *no son* como si *fueran*, en el nombre de Jesús! (Ver Romanos 4:17).

Iverna continúa explicando: "El segundo paso hacia un *espíritu profano* es [...] *lastimar. La indiferencia lleva a la hostilidad.* Una posición neutral progresa hacia sentimientos hostiles, a medida que defendemos nuestras posiciones [...] *Si me vuelvo hostil, lastimaré".*[4] Ella continúa: "Un espíritu profano continúa de la herida al insulto. De hecho, el insulto es la mayor marca de una *espíritu profano*."[5] Lo único que ganará a este mundo es nuestro amor. ¿Por qué? La Palabra dice: "En esto conocerán todos que sois mis discípulos, si tuviereis amor los unos con los otros" (Juan 13:35).

Salmos 24 inquiere: "¿Quién subirá al monte de Jehová? ¿Y quién estará en su lugar santo? El limpio de manos y puro de corazón; el que no ha elevado su alma a cosas vanas, ni jurado con engaño" (vv. 3-4). La compositora, cantante y líder de adoración, Martha Munizzi, añade:

> La verdadera unción viene de un quebrantamiento en la cruz. Cuando estamos quebrantados, es cuando la unción de Dios nos transforma y luego fluye de nosotros para cambiar el mundo. Muchos creyentes no conocen la diferencia entre la unción y el talento. El talento nos hace desear conocer más acerca de quien tiene el talento. La unción nos hace desear saber más de Jesús.[6]

Así, debemos atesorar al Ungido y la unción que Él nos da para llevar a cabo sus propósitos para su Reino. Debemos contemplar la unción como algo precioso, algo puro y algo que debemos mantener y guardar en todo tiempo. Pero más importante aún, debe ser compartida. ¿Por qué? Porque Dios nos da su unción para cambiar al mundo.

Recientemente me encontraba visitando el Museo Nacional Smithsoniano de Historia Natural con algunos amigos en Washington, D.C. Mientras recorríamos el museo, me encontré con el Diamante Hope, el cual está protegido en medio de la sala. Pesa casi 46 quilates, y la cadena misma del collar lleva dieciséis diamantes blancos.[7]

Mientras estaba caminando alrededor de la vitrina, junto con cinco o seis personas que intentaban verlo entre la gente que intentaba tomarle fotografías, observé a gente que simplemente estaba parada mirándolo. Estaban asombrados de lo que sucedió en la naturaleza para producir algo tan maravilloso. Luego, no pude evitar notar que había al menos cuatro guardias visibles, sin contar las cámaras privadas, que vigilan una de las mayores posesiones del mundo.

En ese momento pensé acerca de la unción que hay en mi vida y en cómo siempre tengo que protegerla. Tengo que guardarla en todo tiempo y no permitir que nada se interponga entre mí y el Espíritu de Dios, quien da la unción. Debo hacer guardia y cuidarla del enemigo que viene para matar, hurtar y destruir lo que es más precioso que la plata, el oro o que cualquier diamante de semejante tamaño.

No solamente debemos guardar con toda diligencia la unción que hay en nuestra vida, sino también debemos mantener puro nuestro corazón y nuestro espíritu; porque la unción es santa y nosotros somos santos para el Señor. Cuando fluimos en la unción dada por Dios, en realidad somos la sal y la luz de nuestra sociedad (Mateo 5:13-16).

El pastor Desmond Evans dice: "Sería mucho más fácil adorarlo en la abundancia de nuestro dar, o en la grandeza de nuestros programas, o incluso en la bendición de su poder;

pero Él dice [que debemos adorarlo] en la BELLEZA DE SU SANTIDAD".[8]

EL ABUSO DE LA UNCIÓN TIENE CONSECUENCIAS

En la Biblia hay incontables ejemplos en los que se abusó de la unción, y las consecuencias fueron severas. Nadab y Abiú, hijos de Aarón, eran sacerdotes y ofrecieron "fuego extraño" ante el Señor. Como consecuencia fueron instantáneamente devorados por el fuego y murieron (ver Levítico 10:1-2). La palabra *extraño* (profano) proviene de la palabra hebrea *zûr* (que se pronuncia "zoor"), y significa: "apartarse, ser un extranjero, extraño, profano; cometer adulterio".[9] Juntas, las palabras *extraño* (zûr) y *fuego* (*zûr 'ēsh* [que se pronuncia "aysh"][10]), son vistas por los eruditos como una referencia a la adoración idólatra.

Nadab y Abiú habían llevado fuego para su incensario de un lugar que no era el altar, lo cual significa que no llevaban a cabo las cosas de acuerdo con el patrón. Como lo cubrimos en el capítulo 2, Dios es específico acerca de la manera en que desea que se realicen las cosas, porque Él hace todo con un propósito.

Además, la antigua interpretación judía sugiere que estaban intoxicados [borrachos].[11] El Señor declaró con un severo reproche: "En los que a mí se acercan me santificaré, y en presencia de todo el pueblo seré glorificado" (Levítico 10:3). Su padre, Aarón, no tenía permitido quitarse la ropa de sacerdote o siquiera dejar el tabernáculo, porque "la unción de Jehová" estaba sobre él (vv. 6-7). Caramba. Debemos respetar la unción y guardarla a toda costa.

La mayoría de creyentes ve Ezequiel 28:12-15, 17, como un indicativo de la caída de Lucifer, quien era el músico ungido y el líder de adoración del cielo. Lea conmigo estos versículos:

> Tú eras el sello de la perfección, lleno de sabiduría, y acabado de hermosura. En Edén, en el huerto de Dios

> estuviste; de toda piedra preciosa era tu vestidura; de cornerina, topacio, jaspe, crisólito, berilo y ónice; de zafiro, carbunclo, esmeralda y oro; los primores de tus tamboriles y flautas estuvieron preparados para ti en el día de tu creación. Tú, querubín grande, protector, yo te puse en el santo monte de Dios, allí estuviste; en medio de las piedras de fuego te paseabas. Perfecto eras en todos tus caminos desde el día que fuiste creado, hasta que se halló en ti maldad [...] Se enalteció tu corazón a causa de tu hermosura.

¡Cuán severo y rígido fue el juicio de Dios sobre Lucifer! Fue echado del cielo a la Tierra, junto con los ángeles que pecaron con él (Apocalipsis 12:9). Y al estar encolerizado le hace la guerra a aquellos que guardan los mandamientos de Dios y tienen el testimonio de Jesucristo (Apocalipsis 12:17). Jesús dijo: "Yo veía a Satanás caer del cielo como un rayo" (Lucas 10:18). Eso, mi amigo, es justicia expedita.

Simón el mago buscó comprar la unción (Hechos 8:13-19). Pero Pedro, lo reprendió severamente, diciendo: "Tu dinero perezca contigo, porque has pensado que el don de Dios se obtiene con dinero. No tienes tú parte ni suerte en este asunto, porque tu corazón no es recto delante de Dios [...] porque en hiel de amargura y en prisión de maldad veo que estás" (vv. 20-23). Una vez más, no hubo duda alguna al momento de guardar el inestimable valor de la unción.

Una de las cosas contra la cual tenemos que guardarnos constantemente es contra "el acusador de nuestros hermanos". Él nos acusa ante nuestro Señor, "día y noche" (Apocalipsis 12:10). Y él intentará acusarnos de cada cosita que digamos, pensemos, sintamos, hagamos o incluso imaginemos. Él está ahí para mantenernos constantemente bajo temor, duda, incredulidad y condenación. Recuerde, Dios nunca nos condena (Juan 3:17). El Espíritu Santo nos convence de pecado (Juan 16:8-11), pero nunca nos condena.

Tenemos que discernir, con la ayuda del Espíritu Santo, qué voz escucharemos y obedeceremos. Si nos sentimos mal, descompuestos, sin valor y sin esperanza, ese no es Dios; es el acusador de nuestros hermanos. En ese momento es cuando tenemos que someternos a Dios, resistir al diablo, y él huirá de nosotros (Santiago 4:7).

Ahora, si hay algo de lo cual necesitamos arrepentirnos, el Espíritu Santo tratará con nosotros en ese nivel. Escucharemos una voz detrás, diciendo: "Este es el camino, andad por él" (Isaías 30:21).

Debemos creerle a Dios y fluir en la unción... apropiadamente

El abuso de la unción, no obstante, no es una excusa para *no usarla*. Lo que se necesita en la actualidad es el *uso correcto*. El compositor, pastor de adoración, maestro internacional de adoración y líder, Wes Tuttle, afirma:

> Me doy cuenta de que utilizo la palabra *ungido* muy rara vez. La razón es que tengo una tal reverencia por lo que significa que no deseo ser negligente ni frívolo al usarla. Francamente, reconozco que mi evaluación de lo que está "ungido" es inconsecuente. La unción bíblica es, y siempre ha sido, la obra del Espíritu Santo. Él es quien determina quién o qué está ungido. Y su evaluación es la única que importa.
>
> En las Escrituras es evidente que la unción bíblica se relaciona con apartarse o consagrarse a un llamado, una obra, un servicio o un ministerio particular. Por ejemplo, cuando Samuel ungió a David como rey de Israel, en 1 Samuel 16, David fue apartado para llevar a cabo la voluntad y los propósitos de Dios. La unción no era para hacer que el programa de David avanzara,

> sino el de Dios. La unción de Dios que está sobre nosotros es para el avance de su Reino, no del nuestro.
>
> En Lucas 4, Jesús se paró en la sinagoga de Nazaret, leyó Isaías 61 e interpretó el pasaje diciendo que se había cumplido en Él. "El Espíritu del Señor está sobre mí, por cuanto me ha ungido...": Jesús, el Mesías, El Ungido. Posiblemente la característica más definitoria de lo que significa estar ungido "ser como Cristo". En otras palabras, una persona que es ungida por el Espíritu Santo llevará, tomando prestada una frase de Oswald Chambers, un "parecido familiar inconfundible con Jesucristo"[12], El Ungido.[13]

Los discípulos habían caminado tan cerca de Jesús durante tanto tiempo que se sentían cómodos fluyendo en la unción y la guardaban diligentemente. Cuando la unción fluyó a través de la ministración de Pablo y Bernabé, con el resultado de la sanidad de un hombre cojo de Listra, la gente (entre ellos el sacerdote de Júpiter) quiso ofrecerles sacrificios y los llamó dioses (Hechos 14:8-13). Pablo respondió diciendo: "Varones, ¿por qué hacéis esto? Nosotros también somos hombres semejantes a vosotros, que os anunciamos que de estas vanidades os convirtáis al Dios vivo, que hizo el cielo y la tierra, el mar, y todo lo que en ellos hay" (v. 15).

Los ejemplos de la Biblia están escritos para amonestarnos (1 Corintios 10:11). Debemos caminar en su unción y llevar a cabo nuestro llamado para el Señor, cualquiera que sea ese llamado. De acuerdo con Hebreos 13:21, Él nos equipará en toda buena obra para hacer su voluntad. ¿Por qué? *Tenemos un tesoro invaluable en nuestras vasos de barro.* Así que, tal como Pablo le advirtió a Timoteo, le insto a guardar "lo que se te ha encomendado, evitando las profanas pláticas sobre cosas vanas, y los argumentos de la falsamente llamada ciencia" (1 Timoteo 6:20). Guarde la unción que el Señor ha derramado en usted...es más preciosa que el oro. Es incluso más preciosa que el Diamante

Hope. ¿Por qué? Porque "tenemos este tesoro en vasos de barro, para que la excelencia del poder sea de Dios, y no de nosotros" (2 Corintios 4:7).

Me encanta esta nota que me dio Cheryl Gesing, de Undiscovered Treasure Ministries. Resume perfectamente lo que hemos estado aprendiendo acerca de la unción: Cheryl comparte con nosotros:

> La unción es algo santo, un misterio, una herramienta necesaria para una persona justificada. Somos llamados a ser reyes y sacerdotes para Dios, si es así, *debemos tener* la unción. La primera mención de la unción en la Palabra de Dios, se encuentra en Éxodo 28:41, donde Dios le informa a Moisés que aquellos que le sirvan y le ministren, deben estar ungidos, consagrados y santificados. Las definiciones nos dicen lo siguiente: si deseamos servir y ministrar a Dios, debemos frotarnos el aceite de su Espíritu Santo, estar completamente situados a la diestra de Dios, donde se sitúa todo el poder y el dominio, y ser física y espiritualmente santos. La unción nos da la capacidad de utilizar el dominio de Jesús sobre el plano del adversario. Al derrumbar las puertas de las fortalezas del enemigo, la unción nos trae liberación de los enemigos, seguridad personal, fortaleza, respuestas a nuestras oraciones, misericordia, gozo, y es una luz en las tinieblas.
>
> Jesús es la cabeza del Cuerpo de Cristo. Él fue ungido como nuestro ejemplo. Cuando se derrama el aceite sobre la cabeza, este corre hacia el cuerpo. Su unción es nuestra unción; su ministerio es nuestro ministerio; su unción nos permite continuar la declaración de su ministerio:
>
> "El Espíritu de Jehová el Señor está sobre mí, porque me ungió Jehová; me ha enviado a predicar buenas

nuevas a los abatidos, a vendar a los quebrantados de corazón, a publicar libertad a los cautivos, y a los presos apertura de la cárcel; a proclamar el año de la buena voluntad de Jehová, y el día de venganza del Dios nuestro; a consolar a todos los enlutados; a ordenar que a los afligidos de Sion se les dé gloria en lugar de ceniza, óleo de gozo en lugar de luto, manto de alegría en lugar del espíritu angustiado; y serán llamados árboles de justicia, plantío de Jehová, para gloria suya" (Isaías 61:1-3).

Recuerde cuando vaya y haga... Dios lo hizo único. Su unción es específica para su personalidad y sus dones. Cada unción es diferente. No se intimide cuando vea la unción de Judy; ¡camine en la suya con audacia! Termine la obra que Jesús comenzó... ¡Lleve su presencia a donde solo *usted* puede! Shalom...[14]

HÁGASE CONMIGO...

Me ha encantado tomar este viaje con usted para ayudarlo a descubrir que usted, *sí, usted,* es un ungido de Dios. Este capítulo podría ser el más "sustancioso" de todos, porque las instrucciones del Señor acerca de guardar su unción, no son para los de corazón débil. Pero hay una promesa poderosa para aquellos que honren y obedezcan su Palabra, la cual, como sabe, es nuestra autoridad final. En Salmos 19, David testificó acerca de la ley, el testimonio, los preceptos, el mandamiento y el temor del Señor (vv. 7-9). Luego declaró: "Deseables son más que el oro, y más que mucho oro afinado; y dulces más que miel, y que la que destila del panal". Y aquí está la promesa: "Tu siervo es además amonestado con ellos; en guardarlos hay grande galardón" (vv. 10-11).

Ya que usted ha hecho un ejercicio anteriormente

en este capítulo, permítame pedirle lo siguiente: al continuar caminando en la unción, haga una prioridad de llevar la Palabra de Dios a su corazón. Si pudiera hacerlo, me gustaría que hiciera un esfuerzo especial por memorizar los versículos principales de este libro, lo cuales se encuentran en la introducción y al principio de cada capítulo.

Haga que su prioridad sea conocer el "Hágase conmigo…", que Dios le ha hablado a su pueblo (colectivamente) y a usted (personalmente). Luego declare audazmente: "Hágase conmigo conforme a tu Palabra". Yo declaro y me pongo de acuerdo con usted que a medida que *diga* el propósito de Dios para su vida, usted *verá* el propósito llevarse a cabo, ¡porque usted tiene la unción!

Conclusión

PERMANEZCA EN EL FLUJO DE LA UNCIÓN

Para que el Dios de nuestro Señor Jesucristo, el Padre de gloria, os dé espíritu de sabiduría y de revelación en el conocimiento de él, alumbrando los ojos de vuestro entendimiento, para que sepáis cuál es la esperanza a que él os ha llamado, y cuáles las riquezas de la gloria de su herencia en los santos, y cuál la supereminente grandeza de su poder para con nosotros los que creemos, según la operación del poder de su fuerza.

—Efesios 1:17-19

No hace mucho tiempo visité uno de mis lugares favoritos en el Parque de las Grandes Montañas Humeantes, para escribir algo de este libro. En un día tan bello y en una propiedad tan linda, estuvimos tomándonos unos días libres. Es un centro turístico que nos encanta visitar a mi familia y a mí, y solo relajarnos. Una de mis cosas favoritas acerca de este lugar es un pequeño riachuelo que recorre toda la propiedad. A mi hija, Erica, le encanta hacer saltar piedras sobre la superficie del agua. (¡Gracias, Sr. Williams!). También le gusta ver cuántas veces puede hacer saltar la piedra antes de que se sumerja al fondo. Bien, tan pronto como llegamos a la propiedad, Erica me dijo: "Ven, mamá, vamos a hacer saltar piedras en el río, mientras papá y KK se registran". Yo acepté.

A la orilla de este riachuelo hay dos caminos: uno para las

personas y otro para los animales. El camino para las personas es perfecto para aquellos a quienes les gusta hacer caminatas nocturnas o solamente disfrutar un lindo paseo junto a la ribera para elevar su ritmo cardiaco. El otro camino es para las mascotas...y es todo lo que diré al respecto (¡creo que ya sabrá para qué lo usan!).

Ese fin de semana, Erica estaba estrenando unos pares nuevos de zapatillas deportivas, y por lo tanto le advertí: "Erica, quédate en este camino. No te vayas al camino de los animales, ya sabes lo que sucederá". Y allí fue, buscando y buscando la piedra lisa correcta. Finalmente encontró una, pero mientras tanto, encontró algo más. "¡Mamá!—gritó mientras corría hacia mí—¡Agh! ¡Ayuda, mamá! Mira la suela de mis zapatillas. Son nuevas...". Usted sabe lo que hice el resto de la noche. Exactamente. Limpiar excremento de las zapatillas deportivas.

¿A dónde quiero llegar? Sabemos cómo luce el camino de Dios y sabemos que lo correcto es permanecer en el camino que Dios nos ha marcado. Si viramos a la derecha o a la izquierda, en nuestra propia mente pensamos que regresaremos. Pero debemos tener cuidado. Uno de los cometarios más tristes que se encuentra en el Nuevo Testamento está en la carta de Pablo a Timoteo. Él le dijo: "Procura venir pronto a verme, porque Demas *me ha desamparado*, amando este mundo, y se ha ido a Tesalónica" (2 Timoteo 4:9-10, énfasis añadido). Lo que haya sucedido con Demas, no sucedió de la noche a la mañana; sino poco a poco, Demas estuvo mirando hacia atrás, hasta que finalmente abandonó su llamado.

Permanezca en el camino de la unción

Llegué justo a la mitad de este libro y comencé a pensar en cuan inexhaustible puede ser un título con el tema de la unción.

Pensé: "Si yo estuviera leyendo este libro y me encontrara a punto de terminar, ¿qué desearía extraer de él?". Pensé en varias cosas: el prólogo de Perry, la recomendación del pastor

Parsley, junto con las aportaciones de muchos otros hombres y mujeres ungidos de Dios. Medité: *Sí, es absolutamente importante guardarlo. Debe haber una unción del Santo para incluso operar en ello, y si no sabemos cómo hacer guerra y pelear, se convierte en una escalada cuesta arriba.*

Así que, ¿qué es lo que va a hacer que esto que está en nuestro interior llamado "la unción" dure hasta que Jesús regrese; y luego de ello, continuar disfrutándola durante toda la eternidad con El Ungido? *Debemos permanecer en el camino.* ¿A qué me refiero con permanecer en el camino? Salomón lo explicó con mucha sencillez: "La necedad alegra a los que les falta juicio; la persona sensata permanece en el buen camino" (Proverbios 15:21, NTV).

Jesús dijo: "Entrad por la puerta estrecha; porque ancha es la puerta, y espacioso el camino que lleva a la perdición, y muchos son los que entran por ella; porque estrecha es la puerta, y angosto el camino que lleva a la vida, y pocos son los que la hallan" (Mateo 7:13-14).

Es tan crucial hacer todas las cosas que son simples en apariencia, no obstante tan imperioso. Muchos se han desviado del camino y han causado mucho dolor, pena y confusión. He encontrado que hay básicamente tres cosas que son fundamentales para mantener el flujo de la unción en nuestra vida.

Permanezca en el camino de leer la Palabra de Dios

David dijo: "En mi corazón he guardado tus dichos, para no pecar contra ti" (Salmos 119:11). Y declaró: "Lámpara es a mis pies tu palabra, y lumbrera a mi camino" (v. 105).

De nuevo, la Palabra es nuestra autoridad final, y cuando nuestra vida no está a la altura de la Palabra, todo lo demás se desalineará. No importa qué título tenga antes de su nombre o quién sea usted, "el que piensa estar firme, mire que no caiga" (1 Corintios 10:12). La Palabra mantiene todo en equilibrio en nuestra vida.

Permanezca en el camino de la oración

Como hemos aprendido, la oración es el combustible que mantiene acelerado el motor del Espíritu Santo en nuestra vida. Separados de la comunicación con Dios, nosotros somos como "metal que resuena, o címbalo que retiñe" (1 Corintios 13:1). La oración es la cosa más poderosa del planeta. Jesús les ordenó a sus discípulos: "Velad y orad" (Mateo 26:41). En el tiempo en que estamos viviendo, debemos ser "prudentes como serpientes, y sencillos como palomas" (Mateo 10:16). Debemos estar bien despiertos para conocer la mente de Dios y poder movernos con sus instrucciones para los últimos días. Dios está buscando a alguien que se ponga en la brecha. Un cristiano que no ora es un cristiano sin poder. "Sin oración, no hay poder: ¡conozca la oración, conozca el poder!".

Permanezca en el camino de reunirse con la Iglesia

Hay una razón por la que el escritor de Hebreos dice:

> Y considerémonos unos a otros para estimularnos al amor y a las buenas obras; no dejando de congregarnos, como algunos tienen por costumbre, sino exhortándonos; y tanto más, cuanto veis que aquel día se acerca.
>
> —Hebreos 10:24-25

Es importante permanecer en la iglesia, y no solo eso, sino estar involucrado en la iglesia. Encuentre dónde encajan sus dones y sirva ahí. Celebre a sus pastores y ore por ellos "porque ellos velan por vuestras almas" (Hebreos 13:17).

Usted *no puede* tener una vida cristiana exitosa y permanecer en la unción, a menos que permanezca en el camino de lo que Dios ha ordenado para su Iglesia. *La verdad del asunto es esta: Yo lo necesito a usted y usted me necesita a mí.* Usted no hará que la televisión lo abrace, no importa cuántas veces coloque su mano encima de ella o de la pantalla de su computadora. Usted necesita estar debajo de la tutela de un pastor, un hombre o una mujer de Dios, quienes lo amarán, protegerán, animarán y lo visitarán si usted o sus seres amados están en necesidad. Romanos 10:17 dice: "Así que la fe es por el oír, y el oír, por la palabra de Dios". Recibir una palabra ungida de un hombre o una mujer de Dios es la manera en que Dios estableció las cosas.

Debemos permanecer en el camino de Dios para caminar consistentemente en la unción. Ahora es el tiempo de vivir "en este siglo sobria, justa y piadosamente" (Tito 2:2). Hebreos 13:18 nos anima a conducirnos "bien en todo". Pedro dijo: "vivan en espíritu según Dios" (1 Pedro 4:6), lo cual significa vivir con una perspectiva de la vida eterna.

El aceite de la unción está sobre usted

Al final del libro superventas de Jonathan Cahn, *El presagio,* Nouriel Kaplan (el personaje principal) le ha estado contando a una colega periodista, Ana Goren, la asombrosa historia de sus encuentros con un profeta de Dios. En su última sesión con ella, Nouriel le cuenta acerca de su conversación final con el mensajero de Dios, cuando le confió:

> —Aun así, no me siento adecuado, ni remotamente capaz de nada de esto.
>
> —¿Cómo cree que se sintió Moisés cuando fue llamado, o Jeremías, o María, o Pedro? ¿Cree que alguno de ellos se sentía remotamente capaz? No se trataba de ellos. Y no se trata de usted. Todo lo que tiene que hacer es ir a donde Él lo envíe.
>
> Luego metió la mano en su abrigo y sacó un pequeño cuerno, el cuerno de un carnero pequeño.
>
> —Cierre sus ojos, Nouriel—dijo él, colocando el cuerno sobre mi cabeza.
>
> Lo hice. Pronto sentí que un líquido espeso caía por mi frente.

Luego, la historia vuelve a la escena en la oficina cuando Nouriel y Ana están hablando.

—¿Era aceite?— preguntó ella.

—Sí, creo que aceite de oliva.

—Un cuerno de aceite.

—El aceite de la unción...[1]

Yo no sé si usted ha leído *El presagio*, pero Nouriel tuvo que caminar por una senda muy específica que le fue revelada por el profeta. De otra manera, el misterio que se le develó, jamás se habría desplegado delante de él.

Permanezca en el camino de la unción de Dios. La unción está sobre usted, pero permanecer en el camino—*no rendirse hasta obtenerla*—es la única manera en que su aceite continuará fluyendo *hacia usted* y *a través de usted*. Esa es la única manera en que el mundo verá *y* experimentará la excesiva grandeza de su poder, al obedecer al Señor y caminar en su unción. Me encantan las palabras de un buen amigo nuestro del ministerio, quien está íntimamente relacionado con la unción:

> Primera de Juan 2:27 sugiere que el Espíritu Santo opera en una variedad de niveles, y cada nivel produce su propio fruto único. El bendito Espíritu Santo es no solamente el que unge, sino también es la unción:
>
> - *Él es la atmósfera*, que permite que *permanezcamos* en novedad de vida.
> - *Él es la habilidad,* que nos permite *tener éxito* incluso cuando enfrentamos conflictos y circunstancias increíbles.
> - *Él es el agente,* que nos permite *navegar más allá* de las restricciones tridimensionales del tiempo y el espacio.
> - *Él es el activador,* que nos permite *santificar* el ambiente pecaminoso de nuestro día.
> - *Él es el embajador,* que nos permite *hablarles con*

autoridad a los principados y las potestades, en el nombre [de Jesús].

- *Él es la autoridad*, que nos faculta para *ver más allá* de lo evidente, con el fin de incrementar nuestro bienestar espiritual y fe.[2]

—DES EVANS
PASTOR EMÉRITO, BETESDA COMMUNITY CHURCH

Le insto: no solamente salte al río de la unción... sumérjase tan profundamente en esas aguas santas conforme Dios lo guíe. Continúe siguiéndolo y nunca miré atrás. Un día usted *verá* el más asombroso río de todos fluyendo de la Nueva Jerusalén. Apocalipsis 22:1-2 dice: "Después me mostró un río limpio de agua de vida, resplandeciente como cristal, que salía del trono de Dios y del Cordero. En medio de la calle de la ciudad, y a uno y otro lado del río, estaba el árbol de la vida, que produce doce frutos, dando cada mes su fruto; y las hojas del árbol eran para la sanidad de las naciones".

¡Amén! Y yo *digo:* "Que la sanidad fluya incluso ahora, a medida que fluyamos en la unción". Jesús declaró: "Si alguno tiene sed, venga a mí y beba. El que cree en mí, como dice la Escritura, de su interior correrán ríos de agua viva" (Juan 7:37-38). Él estaba hablando del Espíritu Santo. La Biblia dice que muchos creyeron ese día, pero algunas personas dudaron de Él. Luego todo comenzó a agitarse, creo que se podría decir que se volvió una situación paradójica. Pero como usted sabe, desde el principio así es como Dios suelta su unción.

Así que levántese y vaya bajo la unción del Señor. ¡Haga aquello para lo que Él lo ha llamado, ungido y dotado: para un tiempo como este! Recuerde que jamás descubrirá nuevos océanos hasta que esté dispuesto a perder de vista la orilla. Usted no está solo. ¡Emanuel—el Hijo del hombre, el Hijo de Dios y el Rey siervo—está con usted!

Desde que usted conoció a Jesús, y definitivamente mientras ha estado leyendo este libro, Dios lo ha estado llevando a través de un "esto", así que Él pueda hacerlo llegar al "lo". ¡Así es! Porque, como afirmé al comienzo de este libro: "*Esto* es *lo* dicho por el profeta Joel" (Hechos 2:16, énfasis añadido). Dios está derramando su Espíritu, para que usted pueda ir a un lugar en el plano espiritual que siempre ha anhelado. Y usted puede morar en ese lugar, en la unción, y cambiar su atmósfera, sí, incluso su cultura, para la gloria de Dios.

¡Así que permanezca en el camino y continúe yendo hacia el galardón! Corra de tal manera que gane esta carrera. *Le declaro ahora mismo: ¡Usted hará obras mayores en el nombre de Jesús! Ríos de agua viva fluirán de su interior y traerán sanidad adondequiera que vaya, porque el maestro mentor de todos los tiempos ya ha ido delante de usted. ¡Todas las cosas son posibles, mi amigo, porque usted tiene la unción!*

NOTAS

INTRODUCCIÓN
LA UNCIÓN DE DIOS ES PARA USTED

1. Harry R. Jackson Jr. y Tony Perkins, *Personal Faith, Public Policy* [Fe personal, política pública] (Lake Mary, FL: FrontLine, 2008), vii.

CAPÍTULO 1
EN EL PRINCIPIO

1. *Strong's Talking Greek and Hebrew Dictionary* [Diccionario Strong de conversación en griego y hebreo], s.v. "*kãbôd*", OT:3519, WORDSearch 7.0, copyright © 2008, WORDSearch Corporation. Todos los derechos reservados.

CAPÍTULO 2
¿QUÉ ES UNCIÓN?

1. Escrito por Jamie Tuttle específicamente para este libro.
2. *Merriam-Webster's Collegiate Dictionary* [Diccionario colegiado de Merriam-Webster], undécima edición (Springfield, MA: Merriam-Webster, Inc., 2003, s.v. "archetype" [arquetipo].
3. *Strong's Talking Greek and Hebrew Dictionary* [Diccionario Strong de conversación en griego y hebreo], s.v. "*mãshah*", OT:4886.
4. Ibíd., s.v. "*misshâ*", OT:4888.
5. *Diccionario expositivo de palabras del Antiguo y del Nuevo Testamento de Vine*, s.v. "*mâshah*", WORDSearch 7.0. Copyright © WORDSearch Corp. Todos los derechos reservados.

6. Bible Suite, *Clarke's Commentary on the Bible* [Comentario de Clarke de la Biblia], s.v. "Éxodo 30:23", http://bible.cc/exodus/30-23.htm (consultado el 23 de abril de 2013).
7. M. G. Easton, *Illustrated Bible Dictionary* [Diccionario ilustrado de la Biblia], s.v. "incienso", BibleStudyTools.com, http://www.biblestudytools.com/dictionaries/eastons-bible-dictionary/frankincense.html (consultado el 23 de abril de 2013).
8. *Strong's Talking Greek and Hebrew Dictionary* [Diccionario Strong de conversación en griego y hebreo], s.v. "*mishhâ*", OT:4888, y s.v. "*mâshîah*", OT:4899.
9. Bill Bright, *Discover the Book God Wrote* [Descubra el libro que Dios escribió] (Wheaton, IL: Tyndale House Publishers, 2005), p. 177.
10. P. G. Matthew, "Imageo Deo, Part 2" [Imageo Deo, Parte 2], sermón predicado el 13 de mayo de 2001, GraceValley.org, http://www.gracevalley.org/sermon_trans/2001/Imago_Dei_2.html (consultado el 23 de abril de 2013).

Capítulo 3
Usted tiene la unción

1. "Tafawa Balewa Square" [Plaza Tafawa Balewa], http://www.lgtnigeria.com/viewListing_page.php?id=418 (consultado el 5 de abril de 2013).
2. *Webster's American Family Dictionary* [Diccionario Webster de la familia estadounidense] (Nueva York: Random House, 1998), s.v. "prepare" [preparar].
3. Martin Luther King Jr., *The Autobiography of Martin Luther King, Jr.* [La autobiografía de Martin Luther King Jr.], Clayborne Carson, ed. (Nueva York: Warner Books, 1998), p. 9.
4. Escrito por Amanda Fisher especialmente para este libro.
5. Cindy Trimm, *Declara bendición sobre tu vida*, (Lake Mary, FL: Charisma House, 2007), pp. 126-128.

CAPÍTULO 4
LA UNCIÓN DE LA VERDADERA ADORACIÓN

1. Archives.gov, "The Charters of Freedom: Bill of Rights" [Las actas constitutivas de la libertad: Declaración de derechos], http://www.archives.gov/exhibits/charters/bill_of_rights_transcript.html (consultado el 8 de abril de 2013).
2. "Mount Vernon" [Monte Vernon], Old Town Alexandria.net, http://www.oldtownalexandria.net (consultado el 5 de mayo de 2013).
3. Jack Hayford, *La oración invade lo imposible* (Alachua, FL: Bridge-Logos Publishers, 1977), p. 105 [de la versión en inglés]. Consultado en Google Books.
4. *Strong's Talking Greek and Hebrew Dictionary* [Diccionario Strong de conversación en griego y hebreo], s.v. "*dunamis*", NT:1411.

CAPÍTULO 5
LA ORACIÓN UNGIDA

1. Oswald Chambers, *En pos de lo supremo* (Uhrishsville, OH: Discovery House, 1992), "7 de febrero".
2. *Strong's Talking Greek and Hebrew Dictionary* [Diccionario Strong de conversación en griego y hebreo], s.v. "justified" [justificado], *dikaioo*", NT:1344.
3. Robert J. Morgan, *100 Bible Verses Everyone Should Know by Heart* [100 versículos bíblicos que todos deben memorizar] (Nashville: B&H Publishing Group, 2010), p. 17. Consultado en Google Books.
4. BibleGateway.com, *IVP New Testament Commentaries,* s.v. "John 11" [Juan 11], http://www.biblegateway.com/resources/commentaries/IVP-NT/John/Jesus-Raises-Lazarus (consultado el 8 de abril de 2013).
5. Escrito por Mary Alessi, específicamente para este libro.
6. Biblesoft's *New Exhaustive Strong's Numbers and Concordance with Expanded Greek-Hebrew Dictionary* [Nueva concordancia exhaustiva y números de Strong, con diccionario griego-hebreo expandido], derechos de autor © 1994 Biblesoft

and International Bible Translators, Inc., s.v. "*proseuchomai*", NT:4336.

7. Hayford, *La oración invade lo imposible,* p. 144. Consultado en Google Bools.
8. *New Exhaustive Strong's Numbers and Concordance with Expanded Greek-Hebrew Dictionary* [Nueva concordancia exhaustiva y números de Strong, con diccionario griego-hebreo expandido] de Biblesoft, s.v. "*euchomai*", NT:2172.
9. Hayford, *La oración invade lo imposible,* p. 144 [de la versión en inglés]. Consultado en Google Books.
10. *New Exhaustive Strong's Numbers and Concordance with Expanded Greek-Hebrew Dictionary* [Nueva concordancia exhaustiva y números de Strong, con diccionario griego-hebreo expandido] de Biblesoft, s.v. "*entugchano*", NT:1793.
11. Desmond T. Evans, *Devotional Living* [La vida devota] (S.p: S.d.).
12. Ibíd., s.v. "*deesis*", NT:1162, y "*deomai*", NT:1189.
13. Ibíd., s.v. "*energeo*", NT:1754.
14. Jack Hayford, ed., *New Spirit-Filled Life Bible* [Biblia "Vida nueva llena del Espíritu"] (Nashville: Thomas Nelson, 2002), s.v. "Mateo 11:12", 1309.
15. Ibíd., "Kingdom Dynamics: Matthew 16:16" [La dinámica del Reino: Mateo 16:16], p. 1420.
16. Ibíd., s.v. "Salmos 1:2", p. 686.
17. *New Exhaustive Strong's Numbers and Concordance with Expanded Greek-Hebrew Dictionary* [Nueva concordancia exhaustiva y números de Strong, con diccionario griego-hebreo expandido] de Biblesoft, s.v. "*hagah*", OT:1897.
18. Helen Medes Love, *Reflections on the Upsides of Aging* [Reflexiones sobre las desventajas del envejecimiento] (Nashville: WestBow Press, 2011), pp. 77-78).

Capítulo 6
La unción para profetizar

1. Hayford, ed., *New Spirit-Filled Life Bible* [Biblia "Vida nueva llena del Espíritu"], p. 1842.

2. Como fue descrito por Morgan, *100 versículos bíblicos que todos deben memorizar,* p. 4. Consultado en Google Books.
3. James Allen, *Como un hombre piensa así es su vida* (Rockville, MD: Arc Manor, 2007), pp. 24-25. Consultado en Google Books.
4. Labri.org, "Learning From Francis Schaeffer" [Aprendiendo de Francis Schaeffer], http://www.labri.org/england/resources/Learning-from-Francis-Schaeffer.pdf (consultado el 9 de abril de 2013).

CAPÍTULO 7
LA UNCIÓN DE GUERRA

1. Mike Murdock, *7 Decisions That Decide Your Success in Life* [7 decisiones que determinan el éxito de su vida] (Fort Worth, TX: The Wisdom Center, 2010). Consultado en Google Books.
2. BBC.com, "2003: 'War Criminal' Idi Amin Dies" [2003: Muere el criminal de guerra, Idi Amin], On This Day: 16 August [En este día: 16 de agosto], http://news.bbc.co.uk/onthisday/hi/dates/stories/august/16/newsid_3921999/39211361.stm (consultado el 9 de abril de 2013.
3. *New Vision*, "Live Updates: Uganda Celebrates Golden Jubilie" [Actualizaciones en vivo: Uganda celebra el Jubileo de Oro], www.newvision.co.ug, 9 de octubre de 2012, http://www.newvision.co.ug/news/636203-live-updats-uganda-celebrates-golden-jubilee.html (consultado el 9 de abril de 2013). Utilizado con permiso.
4. Escrito por Bob Gesing especialmente para este libro.
5. Aunque no recuerdo el nombre del autor ni el título del blog, las citas son de Charles Levinson y de Adam Entous, "Israel's Iron Dome Defense Battled to Get Off Ground" [La defensa de la Cúpula de Hierro de Israel, batalló para arrancar], *Wall Street Journal,* 26 de noviembre de 2012, http://online.wsj.com/article/SB10001424127887324712504578136931078468210.html (consultado el 9 de abril de 2013).

6. J. Wilbur Chapman, citado en David Jeremiah, *Aplaste a los gigantes que hay en su vida* (Nashville: Thomas Nelson, 2001). Consultado en Google Books.

Capítulo 8
La unción para funcionar

1. Escrito por Shirley Arnold específicamente para este libro.
2. David Platt, *Radical Together* [Radicales unidos] (Colorado Springs, CO: Multnomah, 2011, p. 80.
3. *Webster's American Family Dictionary* [Diccionario Webster de la familia estadounidense], s.v. "sanctify" [santificar].
4. *Strong's Talking Greek and Hebrew Dictionary* [Diccionario Strong de conversación en griego y hebreo], s.v. "*misshâ*", OT:4888.
5. Ibíd., s.v. "*chrisma*", NT:5545.
6. *Diccionario Expositivo Vine de palabras del Antiguo y Nuevo Testamento,* s.v. "*chrisma*".
7. *Webster's American Family Dictionary* [Diccionario Webster de la familia estadounidense], s.v. "unction".
8. Escrito por Karen Wheaton específicamente para este libro.
9. Escrito por Rod Parsley específicamente para este libro.
10. *Strong's Talking Greek and Hebrew Dictionary* [Diccionario Strong de conversación en griego y hebreo], s.v. "*praotês*", NT:4236.

Capítulo 9
La unción para cambiar la sociedad y la cultura

1. ThinkExist.com, "H. Jackson Brown, Jr. Quotes" [Citas de H. Jackson Brown Jr.], htttp://thinkexist.com/quotes/H._Jackson_Brown_Jr./ (consultado el 10 de abril de 2013).
2. Alex Murashko, "10th Anniversary Edition of 'The Purpose Driven Life' Redesigned for Millennials" [Edición del décimo aniversario de "Una vida con propósito", rediseñado para la Generación Y], *Christian Post,* 14 de junio de 2012, http://christianpost.com/news/10th-anniversary-edition-of-the-purpose-driven-life

-redesigned-for-millennials-76623/ (consultado el 10 de abril de 2013).

3. *Strong's Talking Greek and Hebrew Dictionary* [Diccionario Strong de conversación en griego y hebreo], s.v. "*spoudê*", NT:4710.
4. John Charles Ryle, *Consider Your Ways: Being a Pastor's Address to His Flock* [Considere sus caminos: Discurso para su grey sobre ser un pastor] (Londres: Hunt and Son, 1849), pp. 4-5, énfasis añadido. Consultado en Google Books.
5. El Ejército de Salvación, "History of The Salvation Army" [Historia del Ejército de Salvación], http://salvationarmycareers.com/jobboard/SalvationArmyCareers/without_fl/history.htm (consultado el 10 de abril de 2013). Permiso para citar solicitado.
6. El Ejército de Salvación, "Programs That Help" [Programas que ayudan], http://www.salvationarmyusa.org/usn/www_usn_2.nsf/vw-local/programs (consultado el 10 de abril de 2013).
7. El Ejército de Salvación, "History" [Historia], http://web.salvationarmy.org/ihq/www_sa.nsf/vw-sublinks75622f771bd70a75a80256d4e003ae0a3 (consultado el 20 de abril de 2013); El Ejército de Salvación, "Salvation Army Installs Israel L. Gaither as National Commander and Eva D. Gaither as National President of Women's Ministries in the USA" [El Ejército de Salvación nombra a Israel L. Gaither como Comandante Nacional y a Eva D. Gaither como Presidenta Nacional de los ministerios femeniles de los EE.UU.], http://web.salvationarmy.org/ihq/www_sa.nsf/vw-news/0e323c311e9cc3738025716c004e9a37 (consultado el 10 de abril de 2013).
8. Autor desconocido, "Carrots, Eggs, or Coffee, Which One Are You?" [Zanahorias, huevos o café; ¿cuál es usted?]. Esta historia puede encontrarse en muchos blogs y sitios de la Internet.
9. Citado en Raymond F. Culpepper, *La conexión de la gran comisión* (Cleveland, TN: Pathway Press, 2011), p. 138 [de la versión en inglés]. Consultado en Google Books.
10. Autor desconocido, "John 3:16" [Juan 3:16]. Esta historia puede encontrarse en varios sitios de la Internet.

CAPÍTULO 10
LA UNCIÓN DE LA TUTELA

1. *Strong's Talking Greek and Hebrew Dictionary* [Diccionario Strong de conversación en griego y hebreo], s.v. "*Iêsous*", NT:2424.
2. Ibíd., s.v. "*Christos*", NT:5547.
3. Escrito por el obispo Harry R. Jackson Jr. específicamente para este libro.
4. Jack Hayford, ed., "Kingdom Dynamics: 2:12-14, Growth in Stages" [La dinámica del Reino: 2:12-14, Crecimiento en etapas], *New Spirit-Filled Life Bible* [Biblia "Vida nueva llena del Espíritu"], p. 1785.
5. Jackie Kendall, *The Mentoring Mom: 11 Ways to Model Christ for Your Child* [La mamá mentora: 11 maneras de representar a Cristo delante de sus hijos] (S.o.: New Hope Publishers, 2006), p. 161. Consultado en Google Books.
6. Ibíd.

CAPÍTULO 11
LA UNCIÓN PARA PROSPERAR

1. Winston Churchill, "Humanity Will Not Be Cast Down" [La humanidad no será derrotada], discurso dado el 10 de octubre de 1908, en Dundee, Escocia, registrado en Martin Gilbert, ed., *Churchill: The Power of Words* [Churchill: El poder de las palabras] (Boston: Da Capo Press, 2012), p. 63. Consultado en Google Books.
2. Deena Marie Carr, *The Carr Guide to Personal Wealth* [La guía Carr a la riqueza personal] (Charlotte, NC: Lifebridge Bools, 2012).
3. Ibíd., paráfrasis mía.
4. Ibíd.
5. *Strong's Talking Greek and Hebrew Dictionary* [Diccionario Strong de conversación en griego y hebreo], s.v. "*miqreh*", OT:4745.
6. *Webster's American Family Dictionary* [Diccionario Webster de la familia estadounidense], s.v. "suceder".

7. Perry Stone compartió esto en una conversación que sostuvo conmigo.
8. *Strong's Talking Greek and Hebrew Dictionary [Diccionario Strong de conversación en griego y hebreo]*, s.v. *"merimnaô"*, NT: 3309.
9. Hayford, ed., "Word Wealth: 6:25" [Palabra salud: 6:25], *New Spirit-Filled Life Bible [Biblia "Vida nueva llena del Espíritu"]*, p. 1301.
10. Ibíd., "Word Wealth: 145:2", p. 797.
11. *Webster's American Family Dictionary* [Diccionario Webster de la familia estadounidense], s.v. "iniquidad".
12. Hayford, ed., "Word Wealth: 52:9", *New Spirit-Filled Life Bible [Biblia "Vida nueva llena del Espíritu"]*, p. 935.

CAPÍTULO 12
CONFUSIONES Y ABUSOS DE LA UNCIÓN

1. Alexander Kelly McClure, *"Abe" Lincoln's Yarns and Stories* ["Abe", Cuentos e historias de Lincoln] (Nueva York: Western W. Wilson, 1901, p. 184. Consultado en Google Books.
2. Iverna Tompkins, The Holy and the Profane [Lo sagrado y lo profano] (S.p.: Gospel Outreach Publishers, 1975), "The Issue" [El problema], capítulo 1; consultado en Iverna Tompkins Ministries, Parte 1, http://www.ivernainternational.com/reaching/hap01.php (consultado el 12 de abril de 2013).
3. Ibíd., "The Profane" [Lo profano], capítulo 2.
4. Ibíd.
5. Ibíd., consultado en Iverna Tompkins Ministries, Parte 2, http://ivernainternational.com/teaching/hap02.php (consultado el 12 de abril de 2013).
6. Escrito por Martha Munizzi específicamente para este libro.
7. Smithsonian Institution, "The Hope Diamond" [El Diamante Hope], http://www.si.edu/Encyclopedia_SI/nmnh/hope.htm (consultado el 12 de abril de 2013).
8. Desmond Evans, *The Beauty of Holiness Notes* [Notas sobre la belleza de la santidad] (S.p.: S.d.).

9. *Strong's Talking Greek and Hebrew Dictionary [Diccionario Strong de conversación en griego y hebreo]*, s.v. "*zûr*", OT:2114.
10. Ibíd., s.v. "*êsh*", OT:784.
11. *Barne's Notes* [Notas de Barne], base de datos electrónica, derechos reservados © 1997 por Biblesoft, s.v. "Levíticus 10:2" [Levítico 10:2].
12. Chambers, *En pos de lo supremo*, "8 de febrero".
13. Escrito por Wes Tuttle específicamente para este libro.
14. Escrito por Cheryl Gesing específicamente para este libro.

Conclusión
Permanezca en el flujo de la unción

1. Jonathan Cahn, *El presagio* (Lake Mary, FL: Casa Creación, 2012), p. 252.
2. Escrito por Desmond Evans específicamente para este libro.